Bian Zhu
Wu Pengcheng

武鹏程 ◎ 编著

BEI OU HAI DAO
海洋与文明
北欧海盗征服欧洲

非凡海洋
Fei Fan Hai Yang

海洋出版社
北京

图书在版编目(CIP)数据

海洋与文明. 北欧海盗征服欧洲 / 武鹏程编著.
北京：海洋出版社，2025.1. — ISBN 978-7-5210-1364-1

Ⅰ．K109

中国国家版本馆CIP数据核字第2024UH7308号

非凡海洋大系

海洋与文明
北欧海盗征服欧洲

HAIYANG YU WENMING
BEIOU HAIDAO ZHENGFU OUZHOU

总 策 划：刘 斌	总 编 室：(010) 62100034
责任编辑：刘 斌	网　　址：www.oceanpress.com.cn
责任印制：安 淼	承　　印：保定市铭泰达印刷有限公司
排　　版：海洋计算机图书输出中心　申彪	版　　次：2025年1月第1版
出版发行：海洋出版社	2025年1月第1次印刷
地　　址：北京市海淀区大慧寺路8号	开　　本：787mm×1092mm　1/16
100081	印　　张：13.5
经　　销：新华书店	字　　数：258千字
发 行 部：(010) 62100090	定　　价：68.00元

本书如有印、装质量问题可与发行部调换

前　言

公元 8—11 世纪，北欧维京人一直袭扰欧洲沿海地区，其足迹遍及欧洲大陆到北极的广大疆域，这一时期也常被称为维京时代。

北欧维京人生活在斯堪的纳维亚，斯堪的纳维亚这个名字意为黑暗的地方，因地处高纬度、黑夜漫长而得名，自然环境非常恶劣。生活在这里的维京人生存困难，当他们见到外面世界的温暖和富饶后，就开启了长达 300 多年的"大冒险"历程。没有人天生是海盗，在面临死亡和饥荒时，为了生存，北欧维京人开始了他们的海盗生涯。

维京人从斯堪的纳维亚半岛上的挪威、丹麦和瑞典出发。挪威人向西航行，他们发现了冰岛、格陵兰岛乃至北美洲；丹麦人南下，伙同挪威人一起袭击了不列颠群岛和欧洲大陆，甚至沿着欧洲西海岸强行渡过直布罗陀海峡，劫掠了地中海两岸。瑞典人则向东进发，曾经三次进攻君士坦丁堡。瑞典人在亦商亦盗的身份之下，被拜占庭帝国的文化和财富吸引，虽然进攻拜占庭帝国失败，但他们获得了非常优惠的贸易特权，甚至一度成为拜占庭帝国的雇佣军征服北非。

北欧维京人擅长造船，借助维京龙头船，维京人犹如天兵天将，突然降临又转瞬即逝。野蛮凶横又来去如风的他们，让英格兰、法兰西等欧洲国家头疼不已。但是随着见识的增长，文明的曙光照耀到他们，他们开始开疆拓土，建立国家，甚至一度改变信仰以期待能够挤进文明世界中。

维京人精明、彪悍，在他们肆掠欧洲期间，虽然给欧洲带去了沉痛的灾难，但也正是由于他们，锻造出了中世纪西欧四个大国：法兰西、英格兰、神圣罗马帝国和西西里王国；也正是由于他们，在法兰西出现了声名赫赫的海盗庇护地诺曼底公国。

维京人最了不起的地方，不在于他们在军事方面有多强悍，也不在于他们的航海技术有多高超，而在于他们具有非凡的适应能力，不论是寒冷的格陵兰，还是温暖的君士坦丁堡，他们都会吸收当地的文化，并将其与自己的传统相融合，形成了一种新的、富有活力的文明。

维京时代造就了饱含异域风情又充满暴力、野蛮和智慧的抢劫者；也不乏不受拘束、个性鲜明的冒险家；当然也不会缺少美丽的容颜下，巾帼不让须眉的女人们，这正是维京人的魅力所在。

目 录

上篇　冰雪禁锢下的维京人老家

第 1 章　斯堪的纳维亚的不速之客

维京人的故乡：斯堪的纳维亚 / 2
罗马人的造访 / 5
冰天雪地里如火如荼的贸易 / 6

第 2 章　维京人追求温饱的办法

斯堪的纳维亚人发现"外面的世界很精彩" / 8
出海成为维京人不得不做出的抉择 / 10

中篇　维京时代

第 3 章　丹麦维京人南下侵袭法兰克王国

查理曼大帝的扩张 / 12
法兰克人掌控了不列颠岛，与维京人为邻 / 17

海盗先驱戈德弗雷德 / 20

法兰克王国对丹麦海盗信仰约束的失败 / 25

拉格纳·洛德布罗克突袭巴黎 / 28

走向衰落的西法兰克王国 / 36

维京海盗罗洛 / 38

维京海盗口中的勇猛战士哈斯泰因 / 42

第4章 维京人东去骚扰俄国

维京人穿越波罗的海的贸易 / 51

维京海盗留里克，变成了俄罗斯留里克王朝的王公 / 55

留里克王朝第二位王公奥列格 / 57

希腊火助战拜占庭帝国，维京人大败而归 / 60

武士大公斯维亚托斯拉夫 / 65

弗拉基米尔夺得了基辅罗斯公国的大公之位 / 69

延续祖辈的扩张思路，将领地不断扩张，弗拉基米尔皈依东正教 / 72

维京海盗的新职业——雇佣军 / 75

最后一位海盗国王，标志着维京文化在基辅罗斯公国彻底消亡 / 76

罗斯人已经不能再称为维京人了 / 79

引入西里尔文字 / 79

第 5 章　维京人西去入侵不列颠群岛

西侵第一站：爱尔兰岛 / 80

维京恶魔索吉尔斯 / 83

维京海盗在爱尔兰岛的内讧 / 88

维京海盗崛起的新星 / 89

维京人对英格兰的战略转型 / 90

伊瓦尔的到来，不列颠岛的灾难开始 / 93

不列颠岛进攻第一站：诺森布里亚王国 / 95

不列颠岛进攻第二站：麦西亚王国 / 98

不列颠岛进攻第三站：东盎格利亚王国 / 102

伊瓦尔生命中最后的辉煌 / 105

不列颠岛终点站：威塞克斯王国 / 110

威塞克斯争夺战 / 116

"独眼人"西特里克的理想 / 121

第 6 章　维京人北欧的探索路线

统一的北欧本土：挪威王国 / 125

北欧本土的生活 / 130

英格尔夫·阿尔纳尔松发现新领地——冰岛 / 132

"红发"埃里克探索格陵兰岛 / 134

维京人莱夫·埃里克松发现纽芬兰 / 137

第 7 章　北海帝国

北欧本土的变化 / 139

丹麦的统一 / 142

两个"哈拉尔"国王间的争斗 / 147

维京人再去英格兰抢钱 / 151

首位维京人就任英格兰国王——"八字胡须王"斯凡 / 154

扩展阅读：维京人对英格兰的抢劫和绑架 / 159

被英格兰人承认的维京人国王克努特 / 161

新王位加身，成为丹麦国王 / 169

北海大帝克努特 / 170

克努特之后的英格兰 / 175

下篇　北欧海盗的落幕

第 8 章　风云变幻的北欧本土

妄图挣脱丹麦控制的圣奥拉夫二世 / 180

"无情者"哈拉尔的野心 / 183

维京时代落幕 / 195

第 9 章　精湛的匠人技艺

建造一艘好船 / 197

维京人的货船 / 203

注重实用的武器 / 205

上 篇

冰雪禁锢下的维京人老家

第 1 章
斯堪的纳维亚的不速之客

维京（Viking），原意是指来自峡湾的人。维京人今天通常泛指公元 800—1066 年之间生活在斯堪的纳维亚的人，其老家是挪威、丹麦和瑞典。

维京人的故乡：斯堪的纳维亚

公元 793 年 6 月的一天，在英国海岸的林第斯法恩修道院里上演了这样一幕抢劫场景：

高大魁梧的海盗，嘶吼着挥舞长剑，冲进修道院中，烧杀掳掠，将修道院里的黄金饰物以及贡品洗劫一空……

这场出人意料的袭击，震惊了欧洲基督徒，这些海盗就是北欧的维京人。自此之后，他们走到了历史舞台的中心，制造了一场欧洲人躲不过的灾难。这场灾难持续了近 300 年，也造就了史诗般的维京时代。

斯堪的纳维亚的全名意为黑暗的地方

高大魁梧的维京人来自斯堪的纳维亚，斯堪的纳维亚的全名意为黑暗的地方，因地处高纬度、冬季黑夜漫长而得名。也正因为自然环境非常恶劣，

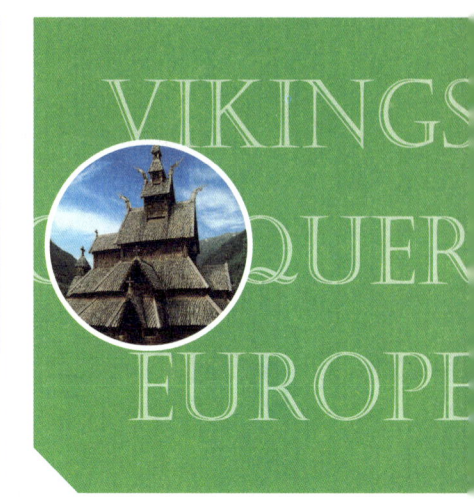

罗马帝国的触手还未伸向这片严寒之地。

斯堪的纳维亚的范围很广：从南部的日德兰半岛到北极圈内的克尼夫谢洛登角，全长1234英里（约1986千米），跨越半个欧洲。坐拥日德兰半岛和周边500多个小岛的丹麦是斯堪的纳维亚气候最为适宜的地方。这得益于墨西哥暖流和北大西洋暖流在此交汇，形成了郁郁葱葱的森林。

与丹麦相比，挪威和瑞典所在的斯堪的纳维亚半岛就没有那么宜人的气候和条件了。

瑞典有着较为肥沃的农田，可以满足部分人的生活，而更多的人则会向东出发，到达俄罗斯，探索鲜有人知的去处。

挪威的地势最为崎岖、环境最为艰难，近1/3的领土在北极圈内，西部还有众多的岛屿和峡湾。但正因这样的地势，也阻挡了大西洋寒冷气流的入侵，形成了通往北极圈的天然海路。

贫瘠没有限制发展，斯堪的纳维亚的人口缓慢增长

夏季是斯堪的纳维亚人最好过的季节，有田的种粮食，没田的靠打猎（比如猎杀海豹和鲸），都能够获得相对丰富的食物，但是极地夏季极其短暂，而漫长的冬季的食物大部分靠夏季的储备。所以，无论是土地还算肥沃的瑞典，还是更为艰苦的挪威，斯堪的纳维亚的粮食始终短缺，造成人口数量一直稀少。

虽然斯堪的纳维亚的自然环境恶劣，但是给原生居民提供了足够的树木和石头，聪明的他们用石斧和石锤造船，并且技巧非常纯熟。

由于斯堪的纳维亚上地稀少，从事农耕的人们开始饲养驯鹿，这是因为驯鹿除了肉和奶可以食用外，还能承担牛、羊的工作——驮运、牵拉。

就这样，斯堪的纳维亚人不断开垦荒地，播种、收

[林笫斯法恩修道院废墟]

❋ [驯鹿]

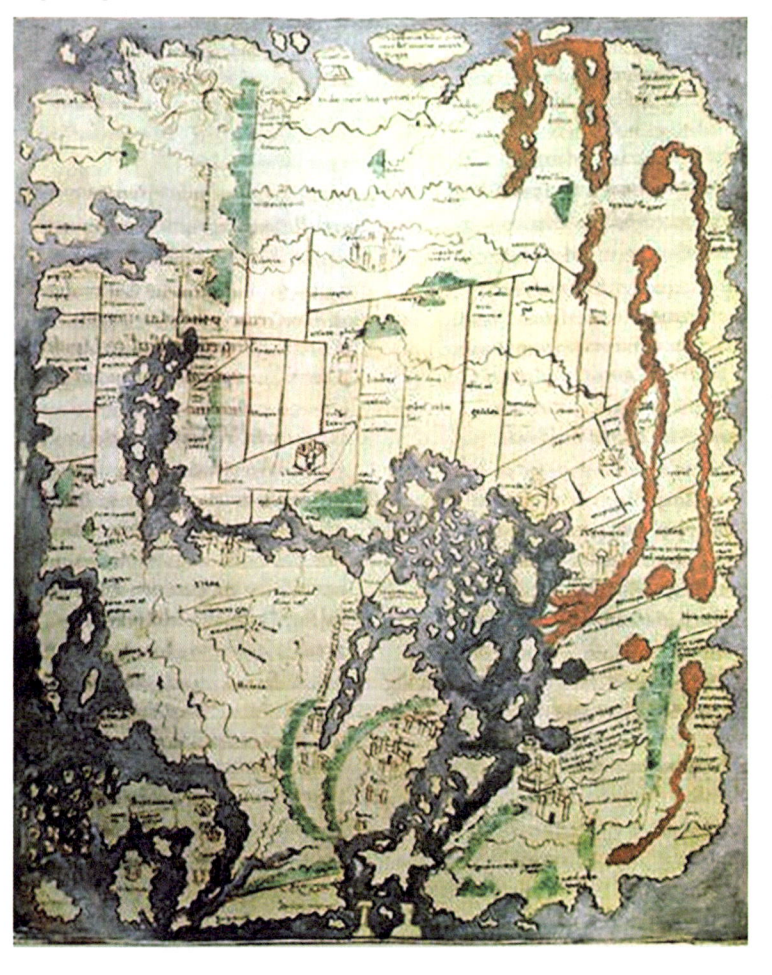

❋ [盎格鲁－撒克逊人的地图]

尽管这幅地图不是很精确,但却显示出斯堪的纳维亚先民的艰难处境。斯堪的纳维亚面临北海,到处是峡湾和山峦,山上覆盖着难以穿越的森林,陆上交通十分不便。因此,商业很自然地就出现在山谷、河流出口和沿海地区。

4 | 海洋与文明 北欧海盗征服欧洲

[斯堪的纳维亚风光]

[丹麦一角]

第1章 斯堪的纳维亚的不速之客

割，用陶器烹饪食物，辅以鱼和贝类等，其人口虽然依旧稀少，但也在缓慢增长。

罗马人的造访

公元5年，时任罗马皇帝的屋大维派了一支罗马舰队在日德兰半岛登陆，他们来到了维京人的祖先——斯堪的纳维亚人的部落，进行了最早的接触。

虽然历史资料并未对这次接触进行详细的描述，但根据后来罗马学者塔提图斯的记载，罗马人与斯堪的纳维亚人的接触不在少数。

随着罗马人与斯堪的纳维亚人交往的深入，贸易也在逐渐形成。

海洋与文明 北欧海盗征服欧洲 | 5

根据考古发现，位于瑞典斯德哥尔摩附近的海尔约小岛，就是当时的重要商业中心，大批手工艺者在这里炼制铁和青铜，动物皮毛也在此交易，商品被运往西欧、英国和东波罗的海等处。

冰天雪地里如火如荼的贸易

到了5世纪，罗马帝国崩溃，东、西罗马分庭而治，大批日耳曼部落四处奔走，穿梭于欧洲大陆间，引起了大规模的移民风潮，比如祖籍丹麦的英格兰人和朱特人来到布列塔尼地区定居，人口逐渐聚集。

外面的繁荣使得维京人开始活动起来

移民风潮给斯堪的纳维亚的人们带来了外面繁华的信息，使得维京人蠢蠢欲动，开始不满足于平静的生活了。

丹麦的维京人首领高奇莱古斯对外界越发好奇，于公元515年开始率军远征西欧，但由于路途辛苦，病逝在途中。

瑞典地区的人们则经营起海上贸易，他们的贸易方

※ 朱特人（Jutes）是北欧的古代民族，是原住日德兰半岛的日耳曼人的一个部落。公元5世纪中叶至6世纪上半叶，一部分朱特人与盎格鲁人、撒克逊人等陆续渡海移民到不列颠岛，在岛的东南部建立了肯特王国。其后与当地部分凯尔特人以及后来迁入的丹人、诺曼人等结合，形成近代英吉利人。在欧洲大陆上的则与丹人等结合形成今丹人。

※ [布列塔尼风光]
布列塔尼地区是法国（法兰克）西部的一个地区（布列塔尼语："Breizh"，法文："Bretagne"，威尔士语："Llydaw"，英语："brittany"）。这个时期的大规模人口迁徙是形成布列塔尼人来源复杂的主要原因。

式就是出海抢劫，而且做得非常成功。

挪威人则暗暗瞄上了丹麦的领地，在悄悄积蓄力量，准备与丹麦大干一场。

维京人开始变得有钱了

这样的动荡时期，为斯堪的维纳亚人提供了大量的财富累积。越来越多的苏勒德斯金币（罗马人的一种贵重金币）流入斯堪的纳维亚人手里，地处波罗的海的哥德兰、奥兰德吉及鲍尔默岛成为繁荣的经济中心（这里出土了大量的金币以及修建的防御工事——石头堡垒，足以证明这一切）。

❈ 在斯堪的纳维亚，公元400—600年这段时期称为移民时代。这段动荡的历史时期同时也是积累财富的时代。斯堪的纳维亚人驾驶着小船到处从事海上贸易，这时的斯堪的纳维亚人还是彬彬有礼的精明小商人。维京这个词带有"掠夺、杀戮"等强烈的贬义，所以这个时期他们还不能算真正意义上的维京人。

❈ [4世纪时的苏勒德斯金币]

苏勒德斯是罗马后期的金币，金苏勒德斯是极其珍贵的硬币，通常很少使用在交易或交换中，它们可能曾被用来进行大型交易，例如购买土地或成船的货物。一般只有富有的罗马上流人士、商人或者士兵才大量拥有这种金币。
4世纪以后的苏勒德斯金币制造质量很粗糙。直到东、西罗马分裂，此货币被东、西罗马分别制造沿用。

❈ [挪威最古老的木制教堂]

木制教堂在东欧很常见，但是在北欧，整座建筑全用木质结构并存留了800多年的，这里是唯一一个。它就是挪威位于松恩峡湾的乌尔内斯木制教堂。它建于公元1150年，维京时代精湛的造船技艺和住宅艺术的结构，使得它不仅实用，更有了美学上的体现。

第1章 斯堪的纳维亚的不速之客

第 2 章
维京人追求温饱的办法

早期斯堪的纳维亚的人们为了解决温饱问题，走到更远的大陆去寻找新的生存方式，于是开启了维京时代。

斯堪的纳维亚人发现"外面的世界很精彩"

5—6世纪时的斯堪的纳维亚，并没有真正意义上的国家，就拿挪威来说：在9世纪以前，虽然居住在挪威的人很多，但他们就像我国原始社会时的部落一样，都是分片而居，大片大荒漠将他们隔开，再由一个"国王"或是"大庄主"统治。此时的斯堪的纳维亚人关注的焦点并不是由谁统治，而是如何获得更多的金币。所以除了老弱妇孺，青壮人口纷纷离开家园，去往各处贸易。

他们跨越了家门口的波罗的海，来到了隔海相望的欧洲大陆，这才发现在这块大陆上生活着的人比自己幸福多了。

[挪威著名的奥塞贝格船葬出土的精美雕刻]
1903年8月8日出土于挪威西福尔郡斯拉根的奥塞贝格船葬中的陪葬品。

第 2 章 维京人追求温饱的办法

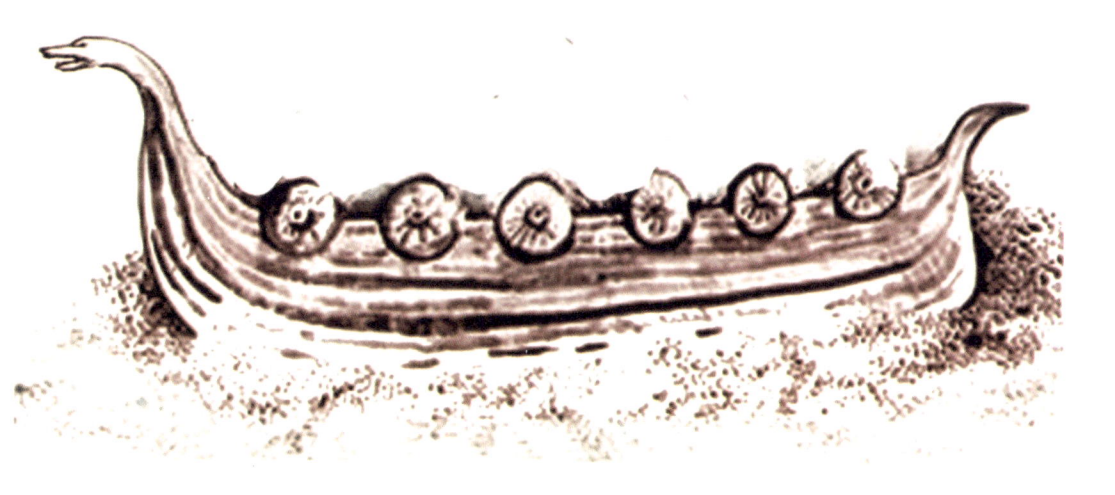

❀ [维京人早期的船只]
维京人早期的船只的船艏并未高高翘起，和我们常见的小木船没有区别，而且更加简单粗糙。

　　首先这里有着相对舒适的气候，不像自己老家还要受冻。

　　其次在他们的修道院中存放着大量的财物。

　　这里的女人也比自己家乡的女人要香得多。要知道，为了保暖，斯堪的纳维亚人是和家畜生活在同一屋檐下的，在这种环境下女人即使再美，那种味道也并不怎么让人愉快。

　　当越来越多的斯堪的纳维亚人知道了"外面的世界很精彩"之后，他们对跨海贸易的热情就变得越来越高涨，但是要实现对外扩张，就必须要先把"马儿"造好，当然他们的马就是船。

❀ 维京人的婚姻制度：维京人的习俗是多配偶制，因此生出的孩子就特别多。

❀ [圣马丁十字架]
在 6 世纪左右，维京人在爱尔兰岛的圣高伦邦修道院抢到了此十字架。

海洋与文明　北欧海盗征服欧洲　| 9

出海成为维京人不得不做出的抉择

8世纪末,斯堪的纳维亚只有200万居民,可到了9世纪初,人口开始持续增长。一方面得益于气候的改变,斯堪的纳维亚变得温暖,农作物的收获增多,人们吃得饱、吃得好,身体变得强壮,老人和新生儿的死亡率都降低了,所以斯堪的纳维亚就显得太狭小了,许多年轻人不得不出海谋生。

另一方面,维京人有着流放的法律,就是一旦被宣判有罪,犯人必须乘船外出,并且维京人天生喜欢冒险、爱好游历,于是乘船出海就成为维京人生活下去的重要途径。有了精湛的造船技艺,又有了不得不出海的理由,走向海洋的维京人也就成就了维京时代。

> 维京人早期虽然与动物住在一起,但根据对维京人居住环境的挖掘发现:他们会使用动物骨头和角制作镊子、刮胡刀、梳子,以及挖耳勺。不仅如此,维京人每周至少沐浴一次——远比同一时期的其他欧洲人频繁得多,并且他们使用的是纯原生态的温泉。

[北海风光]

中 篇

维京时代

第 3 章
丹麦维京人南下侵袭法兰克王国

随着查理曼大帝的扩张，地处斯堪的纳维亚的维京人开始担心他们会成为法兰克人扩张的牺牲品，同时意识到了领土的重要性，于是开始南下抢占领地，庞大的法兰克王国从此不得安宁。

查理曼大帝的扩张

查理曼大帝的担心："这些人，有可能是凶狠的敌人。"

传说在 8 世纪晚期，时任法兰克王国国王的查理曼大帝正在法兰克王国海岸例行巡视，在他享用完早餐之后，无意之中看到几艘维京人的船，它们正大摇大摆地航行于海上。

当时的大臣们都认为这只是普通的商人而已，可查理曼大帝却觉得并不那么简单，说道："这些人，有可能是凶狠的敌人。"大臣们听懂了查理曼大帝的意思，于是赶紧派船只追击，但由于行动仓促，所以这些维京人很快便逃走了。

查理曼大帝认为这是灾难的前兆。他默默地凝视着眼前的这片海，想到日后可能出现的情况，竟流下了眼泪。大臣们看到国王如此，也不敢上前多

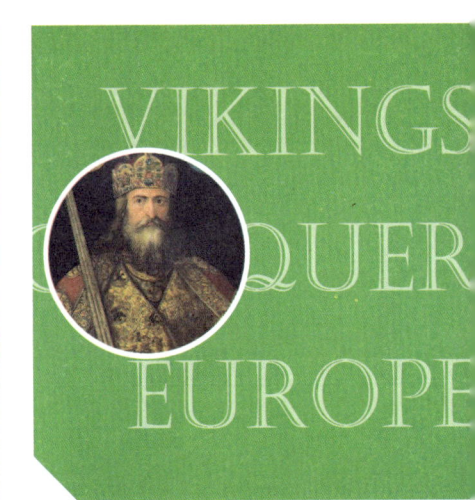

❋ [维京人]

维京人有4种职业：航海家、海盗、商人和殖民者，他们可以根据需要随时在这几种职业中自由转换。

第3章 丹麦维京人南下侵袭法兰克王国

说话，因为他们根本不知道伟大的国王为何而伤心。

这个故事的真实性有待商榷，不过查理曼大帝在位期间，一直筹建抵御维京人的防御工事。

无法中断与维京人的贸易往来

虽然查理曼大帝担心维京人入侵，但从100多年前开始，法兰克王国就与维京人进行贸易往来，不可能因为仅凭担心而中断。法兰克人喜爱维京人提供的毛皮、琥珀、羽绒以及磨石，而维京人则喜欢法兰克的葡萄酒等。在法兰克王国的贸易中心，比如布伦港附近的昆都维克、莱茵河畔的杜里斯特等地，维京人的身影随处可见。

❋ [天然琥珀]

在早期，维京人将琥珀当作货币一样使用。维京人常常以琥珀作为货币和法兰克人交换各种物品，如葡萄酒、纺织品、餐具、金币等。

※ [查理曼大帝]

在查理曼大帝之前，法兰克王国的疆土只有高卢一部分，查理曼大帝打了50多场战争。他镇压了阿基坦人的反叛；征服了伦巴第人并将伦巴第王国并入法兰克王国；在威尼西亚、伊斯特利亚、达尔马提亚、科西嘉建立了统治；对萨克森人发动了18次进攻；征服了巴伐利亚人并使之信奉基督教；吞并了多瑙河下游阿瓦尔人建立的汗国……他在欧洲创造了一个奇迹，在他的铁蹄下，法兰克王国的疆域西起大西洋，东临多瑙河流域，北至北海和波罗的海，南抵地中海，掌控整个西欧和大半个中欧。

※ 在罗马帝国崩溃之后，斯堪的纳维亚人的铁器时代到来，那时出现了大规模的人群迁徙潮。

※ 在西罗马帝国覆亡的公元476年和查理曼加冕皇帝的公元800年之间，欧洲300多年没有一个皇帝，历史学家把这段时期称为"黑暗时代"。

※ [红桃K上的查理曼]

在扑克牌中，四张老K分别是：红桃K的查理曼大帝、黑桃K(大卫王)、梅花K(亚历山大大帝)、方块K(恺撒)，查理曼大帝和这几位齐名，足可见其历史地位。

维京人目睹了法兰克王国版图一再扩张

随着查理曼大帝的野心一点点变大，法兰克王国的版图也在扩张。公元800年，教皇利奥三世为查理曼大帝举行了加冕为新的西罗马帝国皇帝的仪式，在此之前的300多年间，西罗马帝国皇帝的位置一直空缺。

成为西罗马帝国皇帝后的查理曼大帝，就成了欧洲世界秩序的维护者，于是在如此光鲜与无可争议的身份下，公元804年，法兰克王国的版图扩张到了位于德意志西北部的撒克逊王国，与维京人成了邻居。至此，居住在斯堪的纳维亚的维京人完全有理由相信，自己会成为法兰克王国扩张的牺牲品。

扩展阅读 **欧洲之父查理曼大帝**

查理曼大帝是法兰克王国加洛林王朝的第二代君主，他也被称为欧洲之父。公元768年，查理曼大帝与弟弟卡洛曼因父亲去世而平分法兰克王国登上王位，三年后，弟

❋ [法兰克国王携其十二近侍在战斗]
此图绘于15世纪,描绘的是查理曼大帝携其十二近侍在那不勒斯战斗的场景。

弟卡洛曼故去,查理曼大帝成为法兰克王国唯一的国王。

查理曼大帝在位的46年中,为了扩大王国的版图,一共进行了大小50多场战争,终于建立起雄踞中西欧的庞大帝国,其疆域包括今法国、比利时、荷兰、瑞士、西班牙的一部分和科西嘉岛,以及几乎全部的德国和意大利,整个版图与昔日强盛的西罗马帝国已不相上下。

查理曼大帝还是在西罗马帝国崩溃之后的300年间,第一位被加冕为西罗马帝国皇帝的国王。不要小看这个加冕仪式,因为这意味着查理曼大帝已不再单纯是日耳曼"蛮族"国家的国王,而是罗马人的皇帝,并且是"上帝认定"的罗马帝国的合法继承人和整个西欧基督教世界的保护者。此后,法、德各王朝都以查理曼帝国的继

❋ 在查理曼大帝时期,其麾下有12名最杰出的骑士,被称为"Twelve Peers",意指"十二近侍"。法兰克的骑兵经过"铁锤"查理、"矮子"丕平、查理曼大帝祖孙三代人的不间断发展,已经成为当时西欧最强大的重骑兵军队,这是欧洲骑士制度的源头。

第3章 丹麦维京人南下侵袭法兰克王国

[教皇给查理曼大帝加冕]

[法国梅茨火车站的圣骑士雕像——罗兰德]

圣骑士又叫圣战士、圣武士、圣堂武士等,其实不是指一个人,而是指当年跟随查理曼大帝东征西讨的十二位(如加上查理曼大帝就是十三位)战士。

承人自居,查理曼大帝也因此被认为是"欧洲之父"。

扩展阅读　西罗马帝国为什么一直没有皇帝?

西罗马帝国自被蛮族灭国之后,其疆域分裂成许多国家,却没有一个国王敢拍胸脯说自己是西罗马帝国的皇帝,这是为什么呢?

第一,因为西罗马帝国分裂成许多国家,没有绝对的军事实力,谁能统一这些西欧国家?查理曼大帝完成了西罗马帝国

16 ｜ 海洋与文明　北欧海盗征服欧洲

崩溃后300年未完成的事业，征服了西罗马帝国的疆域，实现了真正的统一。

第二，西罗马帝国皇帝这个位置不仅是荣耀，也意味着拥有了对西欧诸多国家的责任。整个西欧都承认自己是西罗马帝国的后裔，既然大家都是打断骨头连着筋的兄弟，那么他日兄弟有难，西罗马帝国皇帝绝对不能坐视不理，怎么也要拉兄弟一把，所以在自己实力未逮的情况下，哪个国王敢给自己揽事？

查理曼大帝加冕为西罗马帝国的皇帝后，就意味着西欧也有了自己的皇帝，可以跟当时的东罗马帝国（拜占庭帝国）分庭抗礼了。加冕时的查理曼大帝已经50岁了，但他还不满足，还想继续包揽东罗马帝国，于是给当时东罗马帝国的伊琳娜女皇写了一封情书，一方面表达自己的爱慕之情，另一方面也希望通过两人结婚的方式实现欧洲的统一。据说伊琳娜女皇对查理曼大帝也神往已久，可惜两人的婚事还没定下来，她就在公元802年的一场宫廷政变中被推翻，女皇也在次年于软禁中离世，欧洲统一的梦想就此泡了汤。

[拜占庭帝国伊琳娜女皇]

❀ 伊琳娜女皇（797—802年在位）是拜占庭帝国伊苏里亚王朝皇帝利奥四世的皇后，君士坦丁六世的生母，拜占庭帝国第一位女皇，也是伊苏里亚王朝末代女皇；公元780年其夫利奥四世死后，立其子君士坦丁六世为帝，伊琳娜为皇太后，掌握实际大权；公元797年废掉儿子皇位并刺瞎他的双眼，自立为女皇；公元802年被废黜，伊苏里亚王朝告终。

❀ 法兰克人掌控了不列颠岛，与维京人为邻

如果说住在斯堪的纳维亚的维京人刚开始对法兰克王国的扩张不以为意，但当法兰克人打到撒克逊王国后，那就不得不警惕了。

❀ 撒克逊人是日耳曼人的一支，最早居于波罗的海沿岸和石勒苏益格地区，后内迁至德国境内的尼德萨克森一带，称为萨克森人。公元5世纪初，萨克森人北上渡海，在高卢海岸和不列颠海岸登陆入侵。史学界为了区分，把在不列颠定居的萨克森人称为撒克逊人。

第3章　丹麦维京人南下侵袭法兰克王国

海洋与文明　北欧海盗征服欧洲 | 17

❀ 西撒克逊（West Saxons）意即威塞克斯（英语：Wessex），是盎格鲁－撒克逊人的一个王国。威塞克斯王国立国时间是公元519年左右，开国者据说是率族人登陆英格兰汉普郡沿海地带的彻迪克。

❀ 盎格鲁－撒克逊人征服不列颠岛以后，相继建立10多个小王国。经过合并剩下7个：威塞克斯、苏塞克斯、埃塞克斯、东盎格利亚、诺森布里亚、麦西亚、肯特，史称"七国时代"（600—870年）。

❀ 古代的盎格鲁－撒克逊人在欧洲大陆人眼里就是一群小岛上的野蛮人。

❀ ［5世纪时盎格鲁－撒克逊人使用的黄金皮带扣］

撒克逊王国

撒克逊王国是英格兰的前身。它位于欧洲西北部的岛群，包括不列颠和爱尔兰两个主要岛屿，以及许多在北海和大西洋之间的小岛。

大约在5世纪时，失去罗马帝国约束的不列颠岛成为各方势力的乐土。西日耳曼部落中的盎格鲁人、撒克逊人以及原来生活在日德兰半岛的朱特人纷纷涌入不列颠岛，开始了对这里的侵略。

经过近1个多世纪的入侵、融合，到了7世纪时，西撒克逊王国的势力逐渐增强，慢慢由英格兰南部的西撒克逊、南撒克逊和肯特向中部发展。

到了7世纪中期，东撒克逊王国崛起，在英格兰中部建立了霸权。与西撒克逊王国分庭而治，从公元731—829年的一个世纪内，不列颠岛陷入了内部混战中。

维京人对撒克逊王国的入侵：抢一把，拿到财物立马闪人

隔海相望的维京人对生活在不列颠岛上的人来说并不陌生，他们曾多次"造访"这片海域。维京人极其"不负责任"，他们总是过段时间就来抢一把，拿到财物立马闪人，所以不列颠岛上的居民对于维京人痛恨到了极点，但又总是无法和维京人正面交锋。因为他们无法预知维京人在什么时候、什么地方忽然冒出来，又忽然消失。

对于法兰克人的正面侵略，不列颠岛上的居民抵抗起来要比抵抗维京人容易多了。

❖ [撒克逊战刀]

这是一把出土的撒克逊战刀，木质刀柄已经腐烂。这种刀最早可追溯到公元前 300 年左右，形状与 6 个世纪之后在丹麦菲英岛维摩斯沼泽中发现的刀十分相似。中世纪早期，这种刀具是撒克逊人、法兰克人和维京人最常见的随身武器。撒克逊战刀享有盛誉，但在战斗中仍然没有得到和剑与矛相等的重视程度。

❖ [查理曼大帝的剑]

查理曼有两把著名的武器，其中之一是一把十字形的剑，柄尾是坚果样式的，护柄两端是兽头，原型最初收藏于圣丹尼斯修道院，与法国王室的其他著名物件放在一起，在法国君主加冕礼中使用。

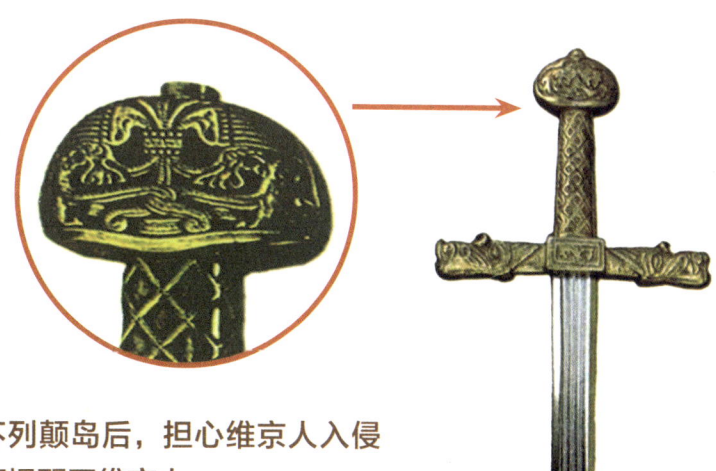

法兰克人掌控不列颠岛后，担心维京人入侵法兰克腹地，这反而提醒了维京人

法兰克王国在查理曼大帝带领下，与不列颠岛上的撒克逊王国进行了长达 30 年之久的战争之后，终于完全掌控了这个地方。

查理曼大帝遥望着与不列颠岛隔海相望的斯堪的纳维亚半岛，心中的担心再次升起，于是决定组建一支强大的舰队，防止维京人接近流入易北河的支流，因为从易北河可以轻易经过莱茵河，到达法兰克王国的腹地。不仅如此，他还要在这条河上建造两座大桥，在多瑙河

❖ 易北河是中欧主要航运水道之一，发源于捷克和波兰两国边境附近的克尔科诺谢山南麓，其穿过捷克西北部的波希米亚，在德勒斯登东南 40 千米处进入德国东部。

第 3 章　丹麦维京人南下侵袭法兰克王国

海洋与文明　北欧海盗征服欧洲 | 19

和莱茵河之间开凿运河,其目的是让陆军可以顺利来到这里,达到迅速支援法兰克王国腹地的目的。

维京人得知法兰克人的动静之后,知晓了查理曼大帝的意图,原本对领土毫无欲望的维京人,如今却被查理曼大帝的举措激起了入侵欧洲大陆、占领领土的欲望,同时他们也担心查理曼大帝的大军入侵斯堪的纳维亚半岛。

❋ 早在查理曼大帝时代,法兰克王国曾向北方进行过扩张,与维京人有过战场上的较量。

海盗先驱戈德弗雷德

戈德弗雷德是一名出生于丹麦的海盗首领,他喜欢大海,十分享受抢劫成功的喜悦,他给法兰克王国制造了不少麻烦。他也看到了查理曼大帝的意图,于是想要壮大自己的实力。

于是他选择了在位于今天丹麦日德兰半岛的东南部的海泽比建城,当时这里仅是一个峡湾小镇。

❋ [维京时代的海泽比]
海泽比位于丹麦南部,由丹麦国王戈德弗雷德于公元810年左右建立。

[海泽比丹麦维京博物馆中展出的早期维京人生活器物]

海盗建城——海泽比，比法兰克王国的贸易中心还要热闹

在维京海盗首领戈德弗雷德的眼中，海泽比就是一块璞玉，需要自己亲手打磨。他要在此兴建一个城市，然而这里缺少人。戈德弗雷德开始骚扰法兰克王国这个庞然大物，他带领船队袭扰沿海地区，尤其是弗里西亚，将抓来的俘虏带回海泽比，然后在小镇周围兴建了坚固的城墙，并且在城墙顶部安装了栅栏，一方面用来防止俘虏逃跑，另一方面也可以抵御外敌的进攻。

慢慢地，这里有了常住人口，又有了防御工事，加上许多维京海盗会在此出售商品和"战利品"，于是来海泽比贸易的人越来越多，这里也成了当时维京人的贸易中心。小镇上人口众多，来此贸易的人更多，因此这里设立了许多收费站，还建立了斯堪的纳维亚半岛上最早的铸币厂，比法兰克王国的贸易中心还要热闹。

戈德弗雷德骚扰法兰克王国所属的沿海小镇

有了海泽比的庇佑，戈德弗雷德以此为

> 在中世纪的丹麦历史上，海泽比是连接西欧和东欧及亚洲西部贸易的著名市场。它成为最早的斯堪的纳维亚城镇之一，其贸易包括奴隶、毛皮、纺织品、铁和武器。

[维京时代海泽比贸易时使用的硬币]

第 3 章　丹麦维京人南下侵袭法兰克王国

[关于查理曼大帝的宣传片]

查理曼大帝东征西战中，有十二个侍卫立下汗马功劳，这十二个人分别是：
1. 最伟大的骑士罗兰德，查理曼大帝的远亲；
2. 蒙特班的野蛮人李拿度（罗兰德的远亲）；
3. 大主教托宾；
4. 魔法师和妖人马拉吉吉；
5. 被六仙女祝福的丹麦王子奥吉尔；
6. 布列塔尼国王所罗门；
7. 英格兰美男子艾斯佗弗；
8. 那墨的法华利亚公爵；
9. 萨克森人斐兰巴拉斯；
10. 森林之塔的领主，最伟大的骑士之一，弗罗雷斯马特；
11. 罗兰德从小玩到大的朋友奥利弗；
12. 背叛者加尼隆。

据点，以北海为半径，进一步骚扰法兰克王国所属的沿海小镇。一而再地得手，令戈德弗雷德非常高兴。但是他知道法兰克国王早晚会来报仇，于是他来到了法兰克王国盟友的地界，成功抢劫之后，还逼这位法兰克王国的盟友倒戈，向维京人出卖情报，否则不仅财物难保，小命都堪忧。

海泽比之战，法兰克王国惨败，查理曼大帝不得不割地赔钱

查理曼大帝早就有入侵斯堪的纳维

[查理曼大帝的军队]

22 | 海洋与文明 北欧海盗征服欧洲

[海泽比中维京人的住宅]
上图所示的农宅中，左侧的农宅是居住场所，而右侧的农宅则是他们议事的场所。

亚半岛的想法，因为维京人彪悍，所以迟迟未将想法实施，如今戈德弗雷德频频对法兰克王国属地的沿海小镇进行抢劫，是可忍孰不可忍。于是查理曼大帝调集了一支舰队赶往海泽比，欲将维京人的窝点摧毁，然而戈德弗雷德早就获得了情报，并做好了准备。

当法兰克人的军队兵临城下时，早有准备的戈德弗雷德依靠海泽比的城防，打退了法兰克人的进攻。同时，维京人还利用法兰克王国的"盟友"，鼓动了查理曼大帝的儿子"驼背"丕平在国内篡权，使得法兰克王国国内战乱一片，让查理曼大帝焦头烂额。

攘外必先安内，查理曼大帝无意再与维京人开战，想要求和，戈德弗雷德可不愿意轻易让查理曼大帝抽身。为了能尽快回国解除国内纷争，查理曼大帝不得不割地赔钱，双方自艾德河为界，定下了和平协议。

戈德弗雷德拿钱、拿地盘，又担心法兰克国王查理曼大帝事后报复，为了安抚法兰克国王尽快撤兵，也为了表示自己与法兰克的交好诚意，戈德弗雷德亲自将此前战争中俘虏的人质送回到亚琛。

※ 维京人进攻法兰克始于公元799年对阿奎丹的突然袭击。此后丹麦国王戈德弗雷德与丹麦诸酋长结成联盟，于公元808年再次发起突袭，他们一路杀至今天汉堡附近的沿海地区，紧接着又于公元810年对弗里西亚、820年对佛兰德斯和塞纳河流域发起狂攻。

※ 查理曼大帝一共有5个儿子，但由于他过于长寿——活了72岁，其中的4个儿子都先他而去，路易成了庞大帝国的唯一继承人。

第 3 章 丹麦维京人南下侵袭法兰克王国

海洋与文明 北欧海盗征服欧洲 | 23

[东弗里西亚群岛的海滩落日]

弗里西亚群岛是北欧海岸外的三组群岛。呈链条状，地势低平，距大陆32千米。地理上构成一个单元，但人们习惯分为东、西、北弗里西亚群岛。

❋ 在查理曼大帝统治时期，北方最大的威胁来自丹麦国王戈德弗雷德，他于公元810年袭击了弗里西亚，他可能是为了先发制人，防止查理曼大帝进攻萨克森和丹麦南部。

[虔诚者路易]

查理曼大帝死后，公元814—840年在位的法兰克国王是查理曼大帝的其中一个儿子路易，即路易一世（"虔诚者"路易）。

查理曼大帝花重金雇佣海盗团伙保卫法兰克王国海岸

在查理曼大帝班师回朝后不久，戈德弗雷德再一次率领200艘舰船，袭击了法兰克王国弗里西亚群岛上的城镇，并带走了能拿走的所有财物，同时戈德弗雷德还宣称，自弗里西亚海岸向北延伸的地区均为他的领土。

面对戈德弗雷德的嚣张行径，查理曼大帝却无能为力，除了60多岁的年纪让他力不从心外，之前与不列颠岛上撒克逊王国的战争，也让法兰克王国的元气还未恢复，如今根本不足以抵御强大的维京人，但是查理曼大帝也深知，虽然他此时无能为力，但也决不能沉默，否则只会带来更大的困境。于是查理曼大帝花了大量的金钱，雇用了一些大型的海盗团伙，替自己来守卫法兰克王国的海岸；同时加紧修复沿岸城镇的城墙，这才减少了戈德弗雷德对法兰克王国沿岸城镇的骚扰。

戈德弗雷德被手下杀死了，丹麦海盗团伙内部争斗不断

通过与法兰克王国的交战，原本领土意识不强烈的戈德弗雷德开始对领土有了兴趣，于是他制定了征讨方案，他不想再进行小规模的袭扰行为，而是想来一次远征。

就在一切就绪、只待上路时，公元 810 年，因为权力和利益问题，戈德弗雷德被手下杀死了。

这对查理曼大帝来说无疑是一个好消息，可 4 年后的公元 814 年，查理曼大帝也与世长辞了。

此后，丹麦最大的维京海盗王国因为首领位置空悬，致使海盗团伙内部争斗不断。丹麦半岛战乱频发，先是一位名叫哈拉尔·克拉克的丹麦海盗夺取了政权，可其后戈德弗雷德的儿子霍里克又在与他的争斗中获得了决定性的胜利，将其逐出了丹麦。

哈拉尔·克拉克为了夺回权力，向法兰克王国新上任的国君——查理曼大帝的儿子"虔诚者"路易求助。本来法兰克王国就希望扶持一位丹麦海盗首领，保自己一方平安，因此双方一拍即合。可没想到的是哈拉尔却是一头狼，他不仅不记恩，还以恩人的血肉为食。

法兰克王国对丹麦海盗信仰约束的失败

新一任的法兰克国王路易上台之后就收到了来自哈拉尔·克拉克的求助，哈拉尔希望路易能够出兵帮助他夺取丹麦海盗王国国王之位，并且提出愿意皈依基督教的条件。

❧ 查理曼大帝死后不久，帝国就出现了分裂。公元 843 年，他的三个孙子各自为王，帝国一分为三。东法兰克王国成了以后的德国，西法兰克王国成了以后的法国，东、西部之间的地区则成了以后的意大利。法兰克人的语言也出现明显的分化，形成了法语、德语和其他西欧国家的民族语言。

❧ 据记载，位于卢瓦尔河口处的努瓦尔穆捷岛上的修道院，在公元 819—836 年间，每年都会遭受维京海盗的洗劫。这里的修士只得在春夏时节撤离此岛，等洗劫结束后再回来。这种情况延续了 30 年，迫于无奈的修士们只得一逃再逃，最后在远离维京人的瑞士边境勃艮第地区安定下来。

第 3 章 丹麦维京人南下侵袭法兰克王国

❧ [受洗的哈拉尔]
受洗是基督教中非常重要的仪式。为了能够约束维京人，"虔诚者"路易把希望寄托给耶稣，于是才有了要求维京首领信奉基督教的历史事件。

海洋与文明 北欧海盗征服欧洲 | 25

路易盘算着这些海盗能帮助自己稳定北海海域

路易觉得以信仰为条件,这是非常"虔诚"的手段。

于是丹麦海盗哈拉尔和其400多名海盗手下一起,接受了基督教的受洗礼,路易也成了哈拉尔的教父。路易之所以愿意与海盗为伍,是因为他心里盘算着如果能扶持哈拉尔统领丹麦的海盗集团,再用基督教教化丹麦臣民,就能帮助自己稳定北海海域。

路易将弗里西亚地区的领土赐给了哈拉尔,并且命他率众抵御维京海盗的偷袭。哈拉尔有了法兰克王国做后援后,率领他的军队直接打到了丹麦海盗的老巢,此时丹麦海盗王国的老大是戈德弗雷德的儿子霍里克,哈拉尔击败了他并将其驱逐出境。

路易得知哈拉尔胜利的消息之后,派了一位传教士前往丹麦传教。

可是丹麦人对基督教并不怎么感兴趣,奥丁的信仰在丹麦根深蒂固,而且他们也不太支持哈拉尔所建立的政权,一年之后,霍里克卷土重来,又将哈拉尔再次驱逐出丹麦。

❦ 路易继承了查理曼大帝的王位,由于他的表现较他父亲更为富有修养,因此被称为"虔诚者"路易。他建立了井然有序的朝堂,并鼓励文化艺术的发展。在战场上,路易也丝毫不逊色于父亲。

❦ 这个时期法兰克境内正因继承权的问题发生内战,所以被丹麦海盗再次入侵。

❦ "丹"为"沙滩、森林"之意,"麦"是"土地、国家"之意。2012年联合国首次发布的"全球幸福指数"报告中,全球156个国家和地区中丹麦成为全球最幸福国度,于10分满分中获近8分。

❦ [众神之神奥丁剧照]
奥丁是北欧神话中的主神,众神之神,阿萨神族的众神之王。神话中他是女神弗丽嘉的丈夫,雷神托尔的父亲,诡计之神洛基的义兄弟。神话传说中,奥丁是一个独眼、白色长髯的神明,他头戴鹰盔、身披金甲,手持武器冈格尼尔长枪,手戴宝物德罗普尼尔金环,端坐在可以看到九大世界的至高王座上。

哈拉尔开始侵袭帮助过他的法兰克王国边境，使当地人苦不堪言

再次出逃的哈拉尔继续着他的海盗生活，他的失败意味着路易对丹麦信仰约束的失败。原本哈拉尔的失败，对于法兰克王国来说没有什么影响，可是哈拉尔却以海盗的身份，反过来开始侵袭帮助过他的法兰克王国边境，这种海盗行为一直持续到他生命结束。

法兰克王国北部的防线几乎被哈拉尔打开了一个大缺口，涌入了大量海盗。公元834—837年，不受约束的丹麦维京海盗在法兰克王国境内到处烧杀抢掠。

维京人虽然在人数上没有优势，但是他们一般都是乘着轻快的战船，快速解决战斗，抢夺财物之后迅速逃走。在这一时期，哈拉尔和其他维京海盗在法兰克王国北海岸毫无对手，肆无忌惮地抢劫杀戮，使法兰克王国北海沿岸的居民苦不堪言。

❋ [雕刻有哈拉尔头像的金币]

第3章 丹麦维京人南下侵袭法兰克王国

❋ [《维京传奇》中的霍里克国王剧照]

海洋与文明 北欧海盗征服欧洲 | 27

拉格纳·洛德布罗克突袭巴黎

拉格纳·洛德布罗克是丹麦海盗王霍里克的手下，他的统治范围大致包括如今的丹麦和瑞典南部。对于拉格纳是如何发迹的，历史资料中没有太多的记载，他就像一颗流星，突然出现在公元845年，率领他的海盗军队袭击了巴黎。

超过5000名维京人的强大海盗军队

前文中我们说过，哈拉尔的海盗军队约有400多人，这与拉格纳的队伍相比，简直不值一提。据说拉格纳有着一支拥有150条维京长船的舰队，麾下有超过5000名海盗。这是一群名副其实的"海狼"，其单兵作战能力超强，所到之处"片甲不留"。

南下抢劫，只敲诈勒索，从不破坏庄稼

公元845年，拉格纳率领他的海盗军队，从丹麦向南航行，一周后他们到达了塞纳河入海口。他们沿着塞纳河往上游航行，沿途劫掠了鲁昂及

✤ [《维京传奇》中的拉格纳·洛德布罗克剧照]

✤ 一份阿拉伯语文献记录了公元844—971年间，维京人曾6次远征安达卢斯，其中2次到达了地中海。

✤ [教皇格里高利四世（中间）]
早在公元817年，路易就将王国分而治之，将法兰克领土分给了三个儿子，这就是著名的"路易分土"。

✤ 到了公元823年，幼子秃头查理出生，路易想给查理也分一块土地，此举引发了内战。公元833年他的三个儿子在教皇格里高利四世的支持下，囚禁了路易和秃头查理，引发了一场最终使法兰克王国分裂的内战。

卡罗利维纳（今天的绍塞镇）。之后又顺手洗劫了距离此地约 9 英里（约 14.2 千米）的圣丹尼斯大教堂。

拉格纳的海盗大军所到之处一片狼藉。当然，海盗们去的地方都是富足的地方，虽然他们是海盗，但是也有原则：他们从不破坏庄稼，比如位于阿基坦的葡萄庄园，他们就没有破坏，仅是敲诈、勒索庄园主。

秃头查理的无奈：打击海盗可真不容易，游击战是海盗们惯用的战术

这些如狼似虎的海盗，给当地的居民带去了灾难，令他们感到惊慌失措。于是不管有没有遭受抢劫的居民，都开始带着财物纷纷出逃，形成了一股庞大的难民潮。这颗由难民组成的"不定时炸弹"，令时任西法兰克国王的秃头查理非常慌张，他责令难民返回他们的故里和教堂。

❋ [秃头查理]
秃头查理为查理曼大帝之孙，是法兰克国王路易一世（"虔诚者"路易）（814—840 年在位）的第四子，生于美因河畔的法兰克福。他的母亲是路易一世的第二个妻子巴伐利亚的尤迪丝。秃头查理和他的兄弟们长期作战，最后在公元 843 年签订《凡尔登条约》结束了战争。三人将帝国瓜分，秃头查理获得了帝国的西部，形成了日后的法国。

❋ 公元 835 年，路易才得以复位。公元 838 年阿基坦的丕平去世，路易的两个年长的儿子同意秃头查理继承阿基坦的王位。此后，阿基坦的贵族联合想让丕平的儿子丕平二世继位，所以又和秃头查理发生了内战。

❋ 早先时，由于维京人重视对海洋的探索，他们对南边的世界有着很深的了解，这种了解来自贸易。斯堪的纳维亚半岛有着丰富的自然资源，包括各种毛皮、高品质的琥珀和储量巨大的铁矿。至 9 世纪时，维京人与其南部和东部的贸易来往已经持续了数个世纪。

❋ 在罗马帝国时期，维京人与罗马人交往的最初几个世纪里，他们只会驾驶着船只进行贸易。维京人的商品包括品种优良的马匹与质量上乘的黑狐皮，而罗马人出售的商品通常是武器、玻璃制品和珠宝等。

第 3 章　丹麦维京人南下侵袭法兰克王国

为了稳定民心，秃头查理召集了一支军队，准备与维京人作战。要说打击海盗可真不太容易，游击战是海盗们惯用的战术，尤其是对此时军队捉襟见肘的西法兰克王国来说更是无奈。秃头查理在河流这边沿岸驻军，拉格纳和他的手下就跑到另一边抢劫，避免与秃头查理的军队交战。不仅如此，拉格纳还派出许多支小股海盗，用来分散西法兰克王国的军队，西法兰克王国的军队忙于奔波，追击这些讨厌的海盗。

没多久，拉格纳便轻而易举地将西法兰克王国分散的军队各个击破，屠杀殆尽，惊慌失措的秃头查理只能在河流的另一岸无奈地观望。

维京人打起心理战：屠杀了111名法兰克王国士兵

更令秃头查理感觉耻辱和恐惧的是，拉格纳俘虏了111名西法兰克王国士兵，并把他们运到塞纳河中的一座小岛上，将他们全部杀掉，用来祭祀主神奥丁。

祭祀奥丁的举动既是宗教祭祀，也是维京人精心策划的对法兰克人的心理恐吓。

维京人的这些手段都是向法兰克人学习的，当年查理曼大帝曾在凡尔登下令将4500名战俘砍头，以此作为对撒克逊人起义的惩戒。这次维京人仅屠杀了111人，比起"老师"还是略有不足的。可这个行为对法兰克人的恐吓却是十足的。西法兰克王国士兵惶恐不安，此后拉格纳所到之处，西法兰克王国军队均不敢与之正面交战，于是维京人轻而易举地打败了西法兰克王国军队。秃头查理被迫退守圣丹尼斯大教堂，发誓要不惜一切代价守住此地。

[圣丹尼斯大教堂上的花窗]

圣丹尼斯大教堂在加洛林王朝（751—987年）时期有王室修道院的地位。加洛林王朝的创造者丕平和他的儿子查理曼都是在这里加冕为王的，且丕平的父亲查理·马特、丕平和查理曼均葬于此。后来秃头查理也选择葬于此地。

如今的圣丹尼斯大教堂是在公元1137—1144年间，由絮热在巴黎城外的圣丹尼斯修道院教堂的基础上主持重建的，这代表着哥特式艺术的开始。

[战斗中的维京军队]

第3章 丹麦维京人南下侵袭法兰克王国

洗劫巴黎：从来没有获得过如此丰厚的战利品

看着急得跳脚的秃头查理，拉格纳把目光瞄准了巴黎。

拉格纳选择在一个宗教节日对巴黎展开进攻，因为这一天会有大量的居民聚集在教堂之中。但是消息不胫而走，大部分居民在海盗来临之前就已携带贵重物品逃走。即便如此，疯狂的维京人蜂拥而入巴黎后，大肆搜刮巴黎的每条街道。虽然此前海盗们已经在富庶的欧洲大陆掠夺了50年之久，但是从来没有获得过如此丰厚的战利品。

❧ 拉格纳·洛德布罗克的姓氏"洛德布罗克"是"毛绒马裤"的意思，是说他在战场上穿着一双奇异的护腿，他声称这双护腿具有魔力，能为其带来好运。据传说他的第一位妻子"盾女"拉葛莎被一条龙形巨蛇掳走，他在这条马裤的帮助下，救回了自己的妻子。
那条大蛇是有毒的，为了避免被其咬伤，拉格纳把马裤浸在煮沸的沥青中，然后放在沙子中滚动，这才使他避开了蛇毒，救回了妻子。

❧ 传说，拉格纳结过三次婚：妻子分别是"盾女"拉葛莎、贵妇索拉和北欧女王亚丝劳琪。

❧ 在维京人的社会结构中，一夫多妻现象在富人群体中非常普遍。维京人也非常看重父母对子女婚姻的意见，根据12世纪成书的冰岛史书《拓地记》记载，如果有人娶妻时违背父母的意见，依据法律，父母有权处死他。

海洋与文明 北欧海盗征服欧洲

❧ [剑在刀片上显示"Ul Fberht"标记 1]

这把剑于 1889 年发现于挪威，同批发现的还有一些短剑，无一例外地都在上面刻有"Ul Fberht"标记。

❧ 在维京人与法兰克人的战争中可以发现，在武器装备上，维京人明显不如法兰克人，但剑却是个例外。最早的维京剑可能是模仿 8 世纪时伍夫·博特的法兰克铁匠设计制成的。很快维京人自己学会了铸剑，他们习惯在剑身上刻"Ul Fberht"字样。

❧ 维京剑是典型的双刃剑，手柄呈圆形，由众多铁丝缠绕而成。如果发生破损，还可以重铸。如果剑上刻了"Ul Fberht"字样，那么它将会被维京战士视为最有价值的财产，当成宝物代代相传。

❧ [剑在刀片上显示"Ul Fberht"标记 2]

拉格纳并无十足的把握完全战胜法兰克人,便向秃头查理发出暗示,只要交纳贡金就可以撤军

虽然拉格纳知道巴黎居民将许多财宝转移到了周边乡下,但是拉格纳并没有指挥海盗们去乡下抢掠,因为这不符合他们的海盗作风;加之维京人中出现了痢疾蔓延的迹象;另一方面也担心秃头查理的救援部队随时可能到达。拉格纳深知,他们每在巴黎多待一分钟,所面临的危险就会增加一分。

在没有必胜把握的前提下,拉格纳从废弃的圣日耳曼德佩区的修道院向秃头查理发出暗示,如果秃头查理愿意交纳一笔合适的贡金,他愿意撤军。

❋ [公元885年,维京海盗洗劫巴黎] 拉格纳之所以选择进攻巴黎,是因为像卢瓦尔河和塞纳河这样的大河便于维京人驾船袭击。自公元845年开始,鲁昂、沙特尔、图尔、巴黎等陆续受到维京人的抢劫和攻击。

❋ 这次勒索首次出现在资料中是以"丹麦金"的名字出现的。丹麦金其实就是贡金,是向维京人缴纳的贿款。

勒索：西法兰克王国签署了众多屈辱的协议，并赔偿 6000 磅的金银

偌大的西法兰克王国，虽然被海盗们打得狼狈不堪，不可能连反击的军队都没有，但关键是经由前面维京人屠杀俘虏祭祀奥丁，疯狂洗劫巴黎，使得西法兰克王国军队心惊胆战，西法兰克国王秃头查理更是对自己的军队失去了信心。同时，秃头查理此时还面临着附属国叛变、家族夺权及民众漫无休止的暴动的困扰。

百般权衡之下，秃头查理派遣使臣与拉格纳签署了诸多屈辱的协议。其中包括"维京人不仅可以带着他们掠夺而来的物品安然离去，法兰克人还会向他们支付接近 6000 磅的金银以求免遭侵略"。

拉格纳不仅带走了西法兰克王国用了两个月才筹齐的这笔庞大资金，还带走了从巴黎城墙上卸下来的一段金属栅栏，以证明他曾经征服过这座城市。在这两个月内，拉格纳的海盗军队也因痢疾肆虐而损失惨重。大量的维京人死去，巴黎民众视其为奇迹，认为这是圣人日耳曼在惩罚这些亵渎了他的教堂的斯堪的纳维亚人。

随后，拉格纳带领海盗大军沿着塞纳河向下游行驶，接着掠夺了滨海沿岸的诸多贸易和渔业港口。当他和他的手下抵达丹麦时，他们已经积累了大量的财富，并且获得了无与伦比的声誉。拉格纳还亲自向霍里克国王展示了掠夺而来的战利品，并吹嘘自己如何轻而易举地获得了成功。

拉格纳的归宿

拉格纳的行动激怒了秃头查理的兄弟"日耳曼人"路易，他的封地与丹麦海盗王霍里克领地的南部接壤，他威胁霍里克归还巴黎人被夺走的财物，否则就派遣军队攻打霍里克的领地。霍里克屈服了，他没收了拉格纳的战利品，并将其送还给"日耳曼人"路易，同时送去的还有丹麦人之前抓到的基督徒。他还撤销了对维京海

[西法兰克国王秃头查理在金币上的形象]

❋ 功高震主的拉格纳为了不被国王迫害逃出了丹麦，开始流亡在英国和爱尔兰边境，后来他又成功掠夺了爱尔兰沿岸地区、苏格兰北部和西部群岛。

[西法兰克国王秃头查理的第一本圣经书]

盗掠夺行为的支持，抓捕了留在丹麦境内的拉格纳的手下，并将他们处死。这或许不仅仅是因为路易带来的压力，同时也因为拉格纳掠夺巴黎让他在丹麦维京人中拥有了崇高声望，对霍里克的统治带来了威胁。

拉格纳在这场清洗运动中幸存了下来，他不再接受丹麦国王霍里克的约束，开始独自行动，之后他又成功掠夺了爱尔兰沿岸地区、苏格兰北部和西部群岛等处，最后死于公元865 年。他的死因不明，有人说他被诺森布里亚国王埃拉抓住，扔进爬满毒蛇的深坑

拉格纳获得了赎金，回到丹麦向国王霍里克汇报此次行动时，"日耳曼人"路易的使臣也在场。

路易的使臣明确地指出，如果霍里克国王不愿意开战，就必须奉"日耳曼人"路易为国王。

霍里克看着拉格纳越来越嚣张，为了打压他的威望，向"日耳曼人"路易屈服了，霍里克不但没有嘉奖拉格纳，还将他从西法兰克那里抢来的赎金收缴，并正大光明地找到了处置拉格纳的理由。

[蛇坑中的拉格纳 - 刻板画]

关于拉格纳的死因很多，其中之一传说他死于 865 年。因为遭遇海难，当时他漂流至英格兰的诺森布里亚国王埃拉的领地，被俘后被埃拉扔进了"蛇塔"，遭毒蛇咬死。

关于他的死因还有另外一种说法，那就是拉格纳在自由的海盗生活中，由于在地中海航行时遇到风暴遇难。

第 3 章　丹麦维京人南下侵袭法兰克王国

海洋与文明　北欧海盗征服欧洲 | 35

❄ 法兰克坊间流传着这样一个故事：一个名叫韦兰的古挪威人向秃头查理提出可以帮法兰克人赶走这些维京海盗，但是必须付给他2000磅白银和一些牲畜。秃头查理接受了韦兰的条件，但是由于筹集钱财用的时间太长，韦兰又把价格提到了5000磅白银。

韦兰拿到这笔钱后，并不是与来犯的维京人作战，而是与他们谈判，最后维京海盗同意以6000磅白银来换取法兰克的和平，这种和平实际上应该加上引号。

被蛇咬死，也有人说他死于痢疾和入侵巴黎时受的伤，还有人说他死于海难。

不管他是被害，还是死于痢疾或海难，他都成了传说中游荡在大西洋沿岸的勇士，并且给丹麦的维京海盗鼓足了勇气。拉格纳的经历还有着很明确的历史暗示：查理曼大帝的时代已经不复存在，再也没有必要惧怕法兰克人了。

❄ 丹麦金，字面意思就是"丹麦人的钱财"，是绝望的修士向维京人交纳的贿款，以求免遭侵略。最初，这笔钱主要征自教堂，后来逐渐演变为一种赋税。所有遭受着维京人侵扰的民众，都有义务交纳这笔钱财，以换取安宁。

❄ [《维京传奇》中被俘虏的拉格纳]

🌱 走向衰落的西法兰克王国

丹麦海盗拉格纳在法兰克王国收获巨大，这使得其他地区的维京人十分眼馋，于是大小海盗如雨后春笋般地出现，他们横行在塞纳河畔，渐渐的，维京海盗们发现，想要更多的钱财，可以通过向西法兰克王国敲诈、勒索的方式获取。于是，维京人开始了各种"搞事情"。

秃头查理的崩溃：只能忙于堵截，却毫无对策

维京海盗在西法兰克王国肆虐，快把秃头查理逼疯了，眼看着这些海盗们都要开始打自己宫殿的主意了。于是，秃头查理着手修建了一系列的防御工事：首先，他加固了塞纳河和卢瓦尔河的桥梁，以此抵御维京人沿河而上的入侵；然后还在极有可能被入侵的地方修建城堡，虽然城堡不能阻止入侵，却可以改变维京人入侵的方向。

西法兰克王国再也没有像查理曼大帝那样的马上皇帝了，秃头查理面对遍地开花的维京海盗，只能忙于堵截，却毫无对策。

西法兰克王国开始衰落，维京人只得再寻找新的目标

对于维京海盗的入侵，西法兰克王国只能被动承受，到9世纪末，约有超过4万磅的白银落入维京人手中，西法兰克王国沿海地区的人们开始迁往内陆，沿海地区逐渐被遗弃，修道院这些团体也不断搬迁，以寻找更加安全的地方。

❈ 拉格纳有5个著名的儿子，即"勇士"比约恩、维特瑟克、"蛇眼"西格德、"无骨者"伊瓦尔和乌比，他们也都是赫赫有名的维京海盗首领，在听到父亲的死讯后，他们决定大规模入侵英格兰，为父报仇。

❈ [涌现在西法兰克王国沿岸的维京人]

左图描绘的是9世纪北欧维京人前往西法兰克王国的场景。大批士兵站在长船上、排列成行，外出征战，被一位中世纪画家描绘出这样的场面。但这个只是画家的想象而已，因为这种手持盾牌、身披链状盔甲的战服，直到公元1066年挪威人进攻英格兰时才使用。

第3章 丹麦维京人南下侵袭法兰克王国

对于依靠沿海城镇生存的维京人来说，麻烦来了，越来越多的当地人开始反抗，同时曾经看起来似乎取之不尽的西法兰克王国的财富开始走向枯竭，他们只得再寻找新的目标了。

维京海盗罗洛

富足的西法兰克王国吸引了大大小小的维京海盗团伙，其中就包括日后鼎鼎大名的诺曼底公国国王罗洛。

罗洛（又称罗尔夫，约860—932年），是挪威贵族罗格瓦尔的儿子，他接棒父亲的权力之后横行于西法兰克王国北部海岸，由于其身材过于高大，没有办法骑马，到任何地方都只能步行，因而经常被人称为"行者罗尔夫"。

罗洛高调抢劫，使得挪威国王很不满

在罗洛还很年轻的时候，他率船队出国四处抢劫，收获丰厚。经过在国外一段时间的海盗生涯，他带着大批抢来的财物，情绪高昂地返回挪威，向别人炫耀自己的"战果"。这种私自的抢劫行为，让"金发王"哈拉尔德非常不快。他不能容忍罗洛的擅自海盗行为。于是"金发王"哈拉尔德下令："任何劫掠都必须服从于国家的指令，否则将受到最严酷的惩罚。"

被国王驱逐的罗洛逐渐成了海盗的首领，兵力多达几十万人

罗洛根本没有把国王的命令放在心上，依旧为所欲为，毫不悔改。

挪威国王哈拉尔德愤怒地宣布像罗洛这样的海盗行为违背了法律，要将他驱逐出境。

[《维京传奇》中罗洛的形象]

[罗洛的雕像]

第 3 章　丹麦维京人南下侵袭法兰克王国

罗洛看到自己的行为极不受欢迎，又不愿意改变自己，于是他离开了挪威，跟随着丹麦海盗，出没于苏格兰、英格兰、佛兰德斯和法国等地，到处攻城略地，烧杀抢掠。

就这样，罗洛在丹麦海盗队伍中混了 20 多年后，由于他作战勇猛又有心计，渐渐成了海盗的首领。他手下的海盗队伍发展很快，兵力多达几十万人。

罗洛在法兰克福称帝

罗洛庞大的维京海盗势力，在西法兰克王国境内所向无敌。

公元 885 年 11 月，罗洛在法兰克福称帝，成了当时丹麦维京人的首领。此后几年之间，以罗洛为首的丹麦维京人，在西法兰克王国沿海大肆抢掠，让西法兰克国王胖子查理大为头疼，他调动军队抵御罗洛的攻击，在夏尔特尔附近与罗洛作战。

从表面上看，战争呈僵持状态，双方不分胜负。胖

[与维京人战斗的奥多伯爵]
受维京人围困的巴黎人生活极其艰难。其中奥多伯爵越过城墙，穿过丹麦人的防线，与西法兰克贵族会合，寄希望于将巴黎被困的消息传给国王查理。上图描绘的就是突围防线的奥多伯爵。

[《维京传奇》中的维京战舰剧照]

> 维京人仰仗几场胜战的余威，从查理三世手里敲诈了一笔贡金，顺便为自己在塞纳河口的下游谋得了一大块封地。对这些来自北方的强盗早已深恶痛绝的法兰克人，不得不将这片沿海地区称为北方人的土地，也就是后来闻名遐迩的诺曼底。

> 查理三世是路易二世的遗腹子，本该在他同父异母的哥哥卡洛曼二世去世后当上西法兰克国王的，但是贵族们却迎来了他的堂叔胖子查理。胖子查理在被他的侄子阿努尔夫废黜后，贵族们依然不让他当国王，而是选择了在巴黎保卫战中有功的奥多伯爵当国王。查理三世一直受到阿基坦公爵的保护，公元898年奥多死后，他才成为西法兰克国王，称查理三世，又称糊涂查理。

子查理无法把罗洛率领的海盗军队驱逐出西法兰克王国，只能接受他们存在的现实。

于是，罗洛率领维京人开始在西法兰克王国北部的纽斯特里亚一带定居。这时的罗洛已经不仅仅是丹麦海盗首领，还成了赫赫有名的北欧海盗首领，公然割据一方的统治者。至于这个挪威人，是如何像工头般粗暴地管理丹麦海盗，又是如何率领着一批丹麦海盗征服了这里的，历史上没有太多的记载。

查理三世向罗洛妥协

公元911年，罗洛进军塞纳河并围攻巴黎，虽然最后没有攻下巴黎撤退了，但是却沿海岸线占领了大量的殖民地并定居下来。查理三世被迫与罗洛妥协，与其签订了《圣·克莱尔-苏尔-埃普特条约》，把纽斯特里亚的部分地区划归给罗洛（即现在的诺曼底一带），并授予他"诺曼底公爵"的称号。在100年之内，允许维京海盗在此地区遍设永久居民点。作为交换条件和对查理三世的回报，罗洛发誓信奉基督教，采用法语，放弃其海上骚扰行动，其军队也改为法兰克式的骑兵，不再从事海战。

此后，罗洛正式改变信仰，接受洗礼，成了西法兰克国王属下合法的公爵。他部下的维京海盗不但成了诺曼底人，而且也成了耶稣基督旗帜下的骑士，按照骑士的待遇，都得到了西法兰克王国的武器和马匹装备。现在"诺曼底"一词就源于定居那里的北欧人。

❧ [诺曼底的奥马哈海滩]
1944 年 6 月 6 日，第二次世界大战中著名的诺曼底登陆战役中盟军登陆的 5 个海滩之一，另 4 个分别为犹他海滩、金滩、朱诺海滩和剑滩。

海盗王国——诺曼底公国

虽然无论是罗洛，还是诺曼底公国的继任者，从来都没有停止过庇护维京人，11 世纪以前，诺曼人一直坚持为维京人提供庇护，但这算是西法兰克国王查理三世的"英明"，因为自罗洛之后，西法兰克王国的塞纳河畔再也没有遭受过大规模的海盗袭击。

有了合法的据点，为了能更好地融入当地人的生活，罗洛大力在族人中推行说法语，同时鼓励手下与当地人通婚。据说，当时有 5000 名维京人和当地的西法兰克人结婚。

罗洛本人娶了一位高贵的伯爵的女儿波帕为妻。由于基督教的宽容政策，在诺

❧ [北欧石碑]
上面刻的是北欧的保护神索尔力战大蛇的场景。碑刻中索尔正用自己的鱼线拖拉毒蛇，但用力过猛，以至于脚穿过了船底。

❧ 查理三世在法国历史上算得上是一个昏君，连他的外号都是"the simple"，意为"糊涂王"。但他与罗洛妥协，"以夷制夷"的策略是他国王生涯中不多的明智之举。

第 3 章　丹麦维京人南下侵袭法兰克王国

❀ 盎格鲁－撒克逊人指的不是一个民族，通常是指公元 5 世纪初到 1066 年诺曼征服期间生活在不列颠岛东部和南部地区的文化习俗上相近的一些民族。

❀ [诺曼底公国的国徽]

曼底定居的北欧海盗大部分与罗洛一样，都娶了西法兰克妇女为妻，并且改信基督教，他们还广设教会及隐修院，进行大量的宗教改革。尽管这些丹麦维京人拥护教廷，但同时也保留了当地的信仰自由传统。

罗洛归顺西法兰克王国后，他采纳了加洛林王朝的封建制度。在政治上，他的政府基本上袭用盎格鲁－撒克逊人的那一套制度。诺曼人也实施了许多新政，如改用誓证法等，使教会机构及戒律方面日臻完善。在 11 世纪时，诺曼底公国成为西欧封建制高度发展的国家之一。

❀ 罗洛出生于公元 860 年，这一年在维京人的历史上是划时代的一年。在这一年里，维京人的四个壮举轰动了全欧洲，让所有欧洲大陆的国王们都领略到了这群海上的勇士远不是自己想象的那么简单。在不列颠岛，拉格纳之子"无骨者"伊瓦尔、乌比、哈夫丹率领的海盗大军所向披靡，维京人几乎征服了整个英格兰；在北大西洋，维京人首次发现了冰岛，这是一次意义重大的地理发现；在遥远的南方，拉格纳的小儿子"勇士"比约恩率领的远征舰队突入地中海，远达拜占庭帝国；在东方的俄罗斯，留里克率领的瑞典维京战士在罗斯平原扎下了根，基辅罗斯公国开始崛起。

❀ 维京海盗口中的勇猛战士哈斯泰因

大多数维京人喜欢开疆拓土，他们天生喜欢征战，哈斯泰因就是其中的佼佼者。在 9 世纪时，每一场规模较大的维京战争中，几乎都能看到这个名字在资料中出现。他曾率领维京大军征战英格兰阿尔弗雷德的国土，《韦德莫尔条约》签订后他又远征西法兰克王国。

这个人来自哪里，其父亲是谁，我们不得而知。有人说他是拉格纳之子；也有人说拉格纳雇佣这位悍将来调教自己的小儿子比约恩。但是不管怎样，哈斯泰因出色地完成了每项任务，领着 12 岁的比约恩在西法兰克王国的卢瓦

❀ [生命中最后一战的哈斯泰因]

尔河两岸疯狂劫掠。

将国王赐予的城池卖给了附近的伯爵，不当城主，只当海盗

卢瓦尔河两岸的西法兰克人恨透了哈斯泰因。来自圣昆廷的挪威修士杜多这样描述他："（哈斯泰因）性喜破坏，惹人厌烦，野蛮凶狠，臭名昭著，反复无常，粗蛮暴力，自负而目无法纪，凶险狠毒，粗鲁无礼，其人背信弃义，喜欢煽动恶行，是个两面三刀的伪君子，不敬神灵，目中无人，喜欢玩弄女子且是个十足的骗子，淫秽好色，信口开河，是个实打实的恶棍。"

西法兰克国王秃头查理对这一人也是束手无策，为了安抚哈斯泰因，秃头查理将沙特尔城赐给他，希望他们不要再东征西讨，可以安稳地做一城之主。可维京人并不需要城池，哈斯泰因更喜欢征战与劫掠，于是他把沙特尔城卖给了一个附近的伯爵，然后继续干着烧杀抢掠的海盗营生。然而，这次哈斯泰因过于大意，被"强者"罗贝尔公爵打了个措手不及。哈斯泰因和他的部下躲进教堂里才得以幸免于难。罗贝尔公爵不愿毁了教堂，决定包围教堂饿死敌人。那天的太阳很毒，罗贝尔公爵脱下了盔甲。哈斯泰因从窗户里看得清清楚楚，他抓住时机指挥部下倾巢而出。战斗中，罗贝尔公爵被杀害，哈斯泰因和部下得以逃脱。

※ [18 世纪的沙特尔城]
沙特尔城位于法兰西岛大区和中央大区交界的厄尔－卢瓦尔省，以城中的大教堂闻名于世。沙特尔大教堂被联合国教科文组织定为世界文化遗产，也是法国九大名教堂之一，更是早期四大教堂之一。

维京人一次失败的远征，启发了哈斯泰因入侵西班牙的想法

抢劫卢瓦尔河带来了巨大的收益，却填不满哈斯泰因的胃口。

公元 859 年，哈斯泰因和比约恩谋划了一个更大的计划，他们要继续南下到达西班牙，这个想法来自之前维京人一次失败的远征。

在公元 844 年，维京人曾出动 30 艘战船到达西班牙的塞维利亚，摧毁了部分城墙之后顺利攻入城内。维京人平息了零星的反抗之后，便开始了他们的主要任务——劫掠富裕的贵族和大户丝绸商人；另外将一些体格健壮、相貌端正的当地人拖到船上，运往西部繁忙的

> ❈ 摩尔人统治下的西班牙曾跨越北非，往东延伸至伊朗，在维京人的传说里，这是一个在哈里发统治下，到处是黄金的地方。

> ❈ 摩尔人多指在中世纪时期居住在伊比利亚半岛（今西班牙和葡萄牙）、西西里岛、马耳他、马格里布和西非的穆斯林。此词由罗马人最先使用，指罗马毛里塔尼亚省的居民，现今的毛里塔尼亚人有时也被称作摩尔人。

❈ [4月博览会的塞维利亚市 –19 世纪]
塞维利亚是西班牙塞维利亚省的首府，也是西班牙唯一有内河港口的城市。上图描绘的是 19 世纪中期塞维利亚市的 4 月博览会的盛况。画里高高的建筑是著名的塞维利亚大教堂，除此之外还有吉拉达、塞维利亚皇家烟草工厂，以及 1868 年被拆除的圣费尔南多门。

> ❈ 塞维利亚是一座历史悠久的城市，公元前 43 年建城，先后被罗马人、西哥特人占领，公元 712 年被阿拉伯人入侵。公元 11 世纪，摩尔人的一个部落在此建立独立王国，为如今的塞维利亚留下了许多著名景点。

奴隶市场。随后，维京人并未离开塞维利亚，反而把该地作为根据地，并在接下来 6 周的时间内，抢劫远处的里斯本和加的斯。那里财富众多，却也危险重重。

因为维京人重视掠夺，忘却了危险，被当地摩尔人组织起来的军队杀了个措手不及。维京人头目以及近 200 多个维京海盗折在那里，只有很少的维京人活着回到船上。

塞维利亚早有防备，只能另辟蹊径

公元 859 年夏天，哈斯泰因和比约恩率领 2400 名士兵，驾驶 62 艘大船，开始向西班牙起航。

当哈斯泰因和比约恩驾船抵达塞维利亚，满怀信心地要大肆开抢的时候，却惊讶地发现当地成立了自己的舰队，还在大西洋沿岸建造了一系列的瞭望台，不仅如此，当地摩尔人还加固了城墙。当维京人的长船靠近城墙时，驻守的摩尔人立刻就将点燃的油罐朝海盗船只的甲板上扔去。

或许是由于塞维利亚先前遭遇过海盗的洗劫，他们学"聪明"了。于是，比约恩和哈斯泰因决定放弃攻打塞维利亚，计划绕过西班牙的北部沿海，先在防御松懈的地区进行小规模掠夺来补充给养。海盗船队绕过葡萄牙，在西班牙的阿尔赫西拉斯登陆。然而这里并不富裕，维京人大失所望，于是他们愤怒地烧毁了当地的教堂，抓捕了许多奴隶。

[西班牙阿尔赫西拉斯镇的圣母教堂]

阿尔赫西拉斯位于安达卢西亚自治区的加斯省，邻近英国海外领地直布罗陀，是直布罗陀湾最大的城市，同时也是地中海地区最大的城市。

[维京人的洗劫 –19 世纪油画]

横行地中海：一路洗劫

虽然不甘心此次劫掠的失败，但之后他们又遭遇了风暴，哈斯泰因和比约恩的船队只好决定南下去非洲西海岸。所幸大部分船只穿过了海峡，进入地中海，抵达北非的纳祖尔市。

维京人在纳祖尔海岸进行了长达 8 天的烧杀劫掠，抓捕了大量的奴隶。之后，维京人又折返西班牙沿海地区，沿途掠夺了福门特拉岛、马略卡岛和米诺卡岛。

从夏天一直抢到冬天，哈斯泰因并不想回头，于是他决定在西法兰克王国南部寻找合适的基地用来过冬。

> 里维埃拉是法国南部地中海与阿尔卑斯山脉之间的一条狭窄海岸，景色秀丽、气候宜人、植被绚烂芬芳，加之历史上多名人眷顾，所以这里又称"蔚蓝海岸"，是世界上最著名的黄金海岸。

维京人沿特尔河一路向北，洗劫了佩皮尼昂的修道院，袭击了许多城市，都未遇到过像样的抵抗，直到在阿尔勒遇到了西法兰克人的抵抗，才被迫前往"蔚蓝海岸"的一座小岛过冬（这座小岛就是今天的法属里维埃拉）。

温暖舒适的环境令维京人过了一个美好的冬天，第二年的春天再次来临，维京人渡海抵达意大利，洗劫了比萨。之后误把卢纳当成了罗马给洗劫一空。

之后 2 年的时间内，这支维京海盗船队的航迹遍布地中海地区，沿岸居民饱受侵扰。

遭遇摩尔人舰队的阻击，为报复绑架了国王，获得巨额赎金

公元 861 年，哈斯泰因和比约恩的船队终于开始北上，却在靠近直布罗陀海峡的海域遭遇了摩尔人舰队的阻击。摩尔人用投石器投掷石头砸向维京人的舰队，并且还把点着的火油扔向维京长船。

维京长船的甲板为了防水都涂了沥青，火油一下子就点燃了长船，维京人掉头就跑，可是依旧损失惨重，最后，哈斯泰因带去的 60 艘船里，只有 20 艘成功逃出了地中海。

万幸的是两位头目哈斯泰因和比约恩都没有受伤，为了报复摩尔人，他们沿西班牙北部沿海一路走一路抢。在抢劫纳瓦拉的首都潘普洛纳时，连纳瓦拉王国的国王都被抓走了，最后，纳瓦拉王国花了 70 000 金币才赎回了国王。

[瓦尔斯耶德挖掘的头盔]
北欧瑞典中部有两处维京人的遗址，一处在乌普兰的文德尔；另一处叫瓦尔斯耶德。这里提供了维京时代他们的生活景象。比如，上图中所示的头盔是从瓦尔斯耶德挖掘的。头盔上半部分刻成一块块的长方形，下半部分是铁丝环。鸡冠状盔顶饰和面甲是由青铜铸造的。

[中世纪中东的投石器]
投石器是目前发现的最古老的攻城武器。早在罗马帝国时代就已经出现，到了拜占庭帝国、十字军时代之后，就出现了配重投石器。

> 乌普兰遗留着北欧人大量的生活遗迹，比如在哥特兰岛和厄兰岛经常有许多竖立着、刻着花纹的花岗岩。

古稀老人依旧壮志满满，不过战果寥寥

回到卢瓦尔河沿岸之后，两位头领哈斯泰因和比约恩便分道扬镳，比约恩返回斯堪的纳维亚，一生荣华富贵，成了海盗国王；而哈斯泰因则继续在卢瓦尔河胡作非为，从西法兰克国王秃头查理那里打劫各种好处。

公元885年，维京人围攻巴黎，哈斯泰因也在其中。

围攻巴黎的行动结束之后，哈斯泰因已年近70，但是他又跨过了英吉利海峡，准备进攻英格兰。而此时英格兰的威塞克斯王国已不是当年那个任人蹂躏的鱼腩，英格兰人激烈的反抗，导致哈斯泰因连续5年都未有所得，之后，他便从历史上消失了。

近40年的海盗生涯，使被哈斯泰因抢劫过的人听到他的名字便不寒而栗，而被抢劫次数最多的西法兰克人则称哈斯泰因为"卢瓦尔河与索姆河上老当益壮的战士"。

❀ 在乌普兰也发现了维京时代的面具，它的造型与瓦尔斯耶德的面具造型差很多。

❀ [瑞典乌普兰挖掘的头盔]
出土于瑞典乌普兰的文德尔14号墓中，约7世纪时制成，使用的是铁和青铜，现藏于伦敦大英博物馆中。

❀ [爱尔兰修道院院长的权杖]

第 3 章　丹麦维京人南下侵袭法兰克王国

[挪威出土的维京人的挂毯]

这是奥塞贝格墓出土的挂毯中的一幅复制品。图中描绘的是一场庄严的仪式。这幅挂毯体现出在粗犷的维京人的外貌之下，也有着精致、鲜活的刺绣工艺。

扩展阅读　维京人洗劫"罗马"

看看地图，我们就应该知道，意大利的比萨距离罗马有多么近，哈斯泰因和比约恩率领的海盗们在抢劫完比萨后，情绪高涨，开始寻找"罗马"这座大城市。对于维京海盗们来说，洗劫罗马就是海盗生涯最大的奖赏。大多数维京人对此梦寐以求，因为这既能让他们获得"财富之城"的黄金，还能让他们"流芳百世"。

当哈斯泰因和比约恩率领的海盗船队航行海上，经过意大利南部的卢纳时，误认为这就是罗马，对于大城市，强攻显然比较蠢，于是他们用了一个计策。

对维京海盗们来说，信仰看起来有点可笑，可是他们却很好地利用了基督徒的善良。就在维京人舰队靠岸之后，一小队维京人举着白旗，抬着担架，声称他们的头目已经快死了，希望能够在死之前受洗成为基督徒。为了证明他们说的是真的，担架上的哈斯泰因还配合着发出呻吟声，并且满头大汗。

对于希望获得救赎的人们，基督徒不会拒绝他们，

海洋与文明　北欧海盗征服欧洲 | 49

但是由于此时大战在即，也有可能是一个陷阱，于是当地的伯爵和主教决定派一小队士兵前去迎接哈斯泰因和他的随从，其他的维京人只能待在城外，不准入城。

卢纳当地的居民，对于野蛮的维京人的受洗礼非常好奇，于是纷纷走出家门观看，只见维京人在护送队伍中表现得非常谦逊有礼，并且对城市充满敬意。整个受洗仪式持续了几个小时，而哈斯泰因似乎在临终前获得了神的庇护。仪式结束后，维京人就将"重病"的哈斯泰因抬回到船上，没有一刻的停留。

当天夜里，一个维京海盗又出现在卢纳的城门前，对伯爵愿意为其头领洗礼的行为表示感谢，然后满怀悲痛地告诉伯爵哈斯泰因已经去世。但是哈斯泰因临死之前希望能举行一场葬礼弥撒，还希望能在教堂神圣的墓地下葬。伯爵对此深信不疑，便答应了维京人的要求。

第二天，50个维京人身裹素服，抬着哈斯泰因的棺椁进入了卢纳城。卢纳居民几乎倾城而出，加入了前往教堂的

[卢纳海边一角]

队列。修士和神父们端着蜡烛围着主教，主教则朝着哈斯泰因的棺椁洒施圣水，领着队列走进教堂。主教开始举行弥撒，就在这时，棺材盖突然被掀翻在地，生龙活虎的哈斯泰因从里面跳了出来，砍倒了主教。他的随从也都甩掉斗篷，亮出了武器。部分人跑去关死大门，剩下的就在人群中大开杀戒。与此同时，城外哈斯泰因的同伙比约恩带领剩下的维京人杀进城内，四散开来寻找宝物。抢劫持续了整整一天，能运走的货物都被装上了船，年轻、强壮的卢纳人被卖做奴隶，其他人则被杀得一干二净。直到再也没有什么能装上船，维京人才放火烧了卢纳城，扬长而去。

第4章
维京人东去骚扰俄国

在丹麦和挪威的维京人向西欧入侵的同时,瑞典的维京人则朝东发展,他们将目标锁定在了波罗的海对岸。

维京人穿越波罗的海的贸易

在斯堪的纳维亚,背靠斯堪的纳维亚山、面向波罗的海的瑞典,成为东去维京人的主力。波罗的海对岸有波兰、德国、波罗的海三国、芬兰、俄国。波罗的海较为封闭,山海相夹的限制,使瑞典的命运与波罗的海地区的风云紧密相连。

[波罗的海风光]

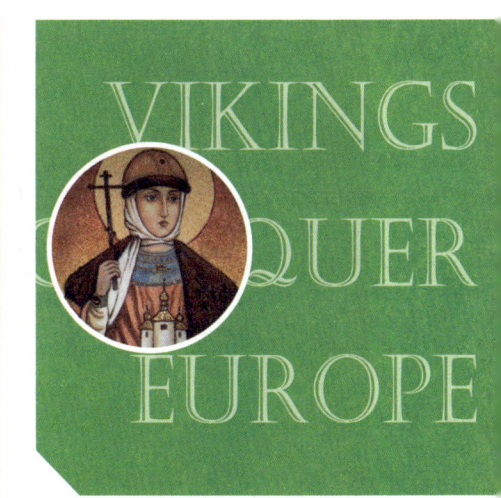

❊ [被邀请东去的瑞典海盗 -1899年油画]

❊ 瑞典人早在8世纪中叶，甚至比挪威人袭击林第斯法恩修道院早40年，就已经到达了俄国西部的水域。

❊ [北欧商人拖船上岸]
此图描绘的是当时北欧商人前去俄国将船靠岸的情形。通过此图可以看出，当时的维京人需要绕过瀑布或急流，甚至还需要在两条水路间长途跋涉，陆路行走时，就需要将船拖曳上岸。

地域限制了发展方向

在波罗的海邻居中，俄国和丹麦的关系对瑞典至关重要。丹麦横跨斯卡格拉克海峡，控制了从波罗的海到北海—大西洋的通道。这一障碍使历史上的瑞典若向东扩张，则会与向西出海的俄国人发生冲突。

挪威和芬兰与瑞典的地缘矛盾则小很多，斯堪的纳维亚山脉阻止了瑞典向西扩张。东西两侧仅有少量陆地通道相连。向东则是芬兰地界，这里是瑞典与俄国的缓冲地带，当瑞典无法亲自阻挡俄国的时候（芬兰早先即是瑞典的领地），只能靠芬兰人来遏制住俄国的扩张。

❋ 起初，维京人到俄国那边的桦树林和松树林是为了搜集蜂蜜和蜂蜡，到了后来，他们会抢劫北方拉普人手中的动物皮毛和琥珀。

❋ 当维京人到达俄国内陆地区时，发现斯拉夫人没什么可供抢劫，于是维京人便将人捆绑起来，卖到斯堪的纳维亚半岛或者南部奴隶贸易发达的地方。

第 4 章　维京人东去骚扰俄国

瑞典维京人全力向东进军，第一据点：旧拉多加村

当丹麦和挪威的维京人大力向西方扩张，在西欧疯狂抢掠和拓殖时，瑞典的维京人则走上了与他们相反的道路，他们全力向东进军，从波罗的海沿岸出发，到达黑海及君士坦丁堡城外。

公元 753 年，瑞典维京人占领了旧拉多加村，这虽然只是一个小小的村庄，但是由于其位于拉多加湖边缘，濒临沃尔霍夫河口，通过这里可以到达伏尔加河和第聂伯河，维京人扼守这里，就可获得大量

❋ [第聂伯河]

第聂伯河是欧洲东部的第二大河，欧洲第三大河，源出俄罗斯瓦尔代丘陵南麓。沿途的河港有基辅、第聂伯罗彼得罗夫斯克、扎波罗热和赫尔松等。

❋ 第聂伯河水流湍急，第一批能驾驭这条河流的人就是罗斯人。他们从罗斯人定居的旧拉多加村向南航行，然后沿着沃尔霍夫河逆流而上，到达第聂伯河上游。

❋ 佩切涅格人是中亚大草原上操着突厥语的半游牧民族，他们早先生活在匈牙利一带。

海洋与文明　北欧海盗征服欧洲 | 53

❋ 瑞典人去俄国贸易或劫掠时，芬兰人也会参加，他们管这些瑞典人叫"罗齐"，后来改称为"罗斯"，之后瑞典人便以"罗斯"的名字闻名于罗马帝国和南部的伊斯兰国家。

❋ 哈扎尔人是由北匈奴与西迁至欧洲的一支加纹人组成，当然也包括斯拉夫人。有时他们也被称为"可萨人"，由于他们有着信仰犹太教、半游牧半渔猎的生活方式，在创造了自身灿烂的文明的同时，也多次救拜占庭帝国于水火之中。

❋ 起初，罗斯人会向哈扎尔人学习，比如罗斯人首领可以娶多个妻子，并且在衣着打扮、仪式礼节方面都刻意模仿哈扎尔人，并将首领称为"可汗"。

❋ [刻有哈扎尔人战士的硬币]
哈扎尔人不存在什么道德问题，只要雇主给的价钱合适，他们可以被任何人雇佣，到了8世纪后期，当哈扎尔人感觉到了拜占庭帝国西部战线吃紧后，于是他们就想办法成了拜占庭帝国的雇佣军。

的银器和丝绸，这两种商品在北欧本土斯堪的纳维亚可是紧俏商品。维京人将这里进行扩建，筑成了拉多加堡。这里也成了维京人东进的基地。

第聂伯河的艰险：有与维京人同样善战的佩切涅格人

沿着第聂伯河可以通向拜占庭帝国。

第聂伯河水流湍急，要在第聂伯河上航行的话，得先从旧拉多加村出发向南航行，然后沿着沃尔霍夫河逆流而上，才能到达第聂伯河上游。

第聂伯河全长570英里（约917千米），中间有12处落差非常大的瀑布，在遇到瀑布的地方，必须把船只拖上岸，连船带货一起搬到下游适合航行的地方。

瑞典维京人虽然占领了旧拉多加村，但是这条航线太过艰险，若要保障航行安全，还需要控制第聂伯河下游的地方。但这绝非易事，因为在下游地区生活的是佩切涅格人，这些佩切涅格人最擅长伏击抢劫，他们与海上的维京人一样勇猛。除此之外，如果要安全地通过第聂伯河，抵达拜占庭帝国的君士坦丁堡，还需要沿着黑海航行350多英里（约563千米）。

把持伏尔加河的哈扎尔人，允许维京人通过伏尔加河去往阿拉伯地区

与第聂伯河的艰险相比，维京人从旧拉多加村进入伏尔加河的通行就简单多了。伏尔加河水流平稳，直通里海，经过里海可以抵达巴格达繁华的市场，在这些富有的市场上可以赚到很多钱，不过这钱是通过买卖赚

来的，而不是靠抢劫得到的。

伏尔加河上同样由一股势力把持着，他们就是哈扎尔人，这是一个来自中亚地区、非常强大的半游牧民族的部落，在 8 世纪以里海附近的城市阿得水为首都，通过首都控制着里海到伏尔加河下游地区的所有贸易。

虽然如此，哈扎尔人却给了维京人在阿拉伯国家贸易的机会，维京人可以在那里出售奴隶，这种生意可是一本万利，通过伏尔加河，维京人向瑞典国内运回了约有上万枚伊斯兰银币，而这些只是仅有记载的一小部分，由此可见，在阿拉伯等地，维京人的贸易也是非常红火的。

到了 9 世纪中期，伏尔加河流域开始不太平了，几次内战的爆发，让维京人在此处已经没钱可赚，于是他们开始趁乱重操旧业。他们在里海附近的地区抢劫，烧杀抢掠，在史学家的笔下记录着"此时死于维京人之手的穆斯林成千上万，不是被他们杀掉，就是被推入河水中淹死"。

维京海盗留里克，变成了俄罗斯留里克王朝的王公

俄罗斯留里克王朝这个名字来源于瑞典维京人留里克

公元 862 年，一个来自瑞典的维京部落酋长留里克，带着他的兄弟西涅乌斯和特鲁渥，集结了上千个维京人，从拉多加堡向斯拉夫人的诺夫哥罗德前进。

有人说，留里克是受到了诺夫哥罗德人的邀请，被请去做王公；也有人说，他只是乘着斯拉夫人的慌乱夺取了诺夫哥罗德。不管如何，留里克酋长夺取了这座城市，摇身一变成为留里克王

❋ [留里克纪念雕像]

❋ 奥列格与留里克据说没有血缘关系，他可能是留里克的姐夫或妹夫，深得留里克信任。

海洋与文明 北欧海盗征服欧洲 | 55

❈ [留里克派手下阿斯科尔德和迪尔南下戍守第聂伯河] 当时留里克的大本营就设置在第聂伯河通道上的基辅,此时第聂伯河西岸已经形成了峭壁,驻守这里可以控制第聂伯河下游地区。

公。他在这里镇压了当地斯拉夫人的一次暴动,处死了当地人的一位领袖"勇敢的季瓦姆"。

瑞典维京人留里克王朝在俄罗斯与凶狠的部族为邻

留里克虽然占领了诺夫哥罗德,但他的处境非常艰难,在诺夫哥罗德的西北方有凶悍的波罗的海各族;东南方有佩切涅格人、保加尔人和可萨牧民;正北方则是身居极地圈的维京人,斯拉夫人将他们称为瓦良格人。

瓦良格人沿着瓦里亚格到希腊的商路,获取毛皮、蜂蜜和木材,并将它们贩卖到君士坦丁堡。他们途经斯拉夫人的地域,会像留里克一样夺取斯拉夫人的一些城堡,成为王公的并不少见,其中最为有名的就是夺取了俄罗斯的基辅公国。

留里克常年与这些凶狠的邻居交往,想必不是那么容易,关于他的记录文字很少,但是他却让自己的族人在这片土地上站稳了脚跟,在俄罗斯诺夫哥罗德有了一席之地,留里克在位17年,在他死后,他的儿子伊戈尔年龄太小,留里克的亲族奥列格继承了他的事业,并承诺等伊戈尔长大后将大权交还给他。

留里克王朝第二位王公奥列格

奥列格于公元879年上任，死于公元922年，开创了基辅罗斯公国的最初版图。

开疆拓土，骗取、攻占了基辅

奥列格率领他的亲兵南下，开始了一系列的征战。他征服了斯摩棱斯克，将势力渗入到第聂伯河。

公元882年，奥列格率军来到了基辅公国。基辅是连接俄罗斯北部和拜占庭帝国的枢纽。基辅公国王公阿斯科尔德曾是留里克的手下，当年留里克派阿斯科尔德和迪尔南下戍守第聂伯河，没想到他们却未经留里克同意，攻占了基辅公国，阿斯科尔德成了王公，迪尔成了基辅的将军，之后便不再听命于留里克。

> 基辅是乌克兰首都，地处乌克兰中北部，第聂伯河中游两岸，是最大支流普里皮亚季河与杰斯纳河汇合处附近。这座城市于5世纪下半叶建立，有"罗斯城市之母"之称。

> 当时因为维京人来自北方，不列颠人把他们叫作诺尔斯人，法兰克人叫他们诺曼人，而芬兰人、斯拉夫人则叫他们罗斯人。

[基辅－波兰之门]
在基辅罗斯公国时期，这里是基辅的东南城门，从这里进入波兰区。

奥列格骗取了基辅公国王公阿斯科尔德和将军迪尔的信任之后，将他们杀死，占据了基辅。此时的奥列格征服了今天俄罗斯西部和乌克兰东部的大片土地。当他感受到佩切涅格人的侵扰，以及黑海对岸拜占庭帝国的富庶之后，他将留里克王朝的统治中心由诺夫哥罗德迁至基辅，建立了基辅罗斯公国。随后，基辅罗斯公国征服了周围各部落，包括波利安人、伊尔门湖地区的斯拉夫人、拉季米奇人

[阿斯科尔德和迪尔之死]

第4章 维京人东去骚扰俄国

海洋与文明 北欧海盗征服欧洲 | 57

[君士坦丁堡鸟瞰图]

10世纪时,君士坦丁堡是世界上著名的大都市。在那个物质资源相对匮乏的时代,君士坦丁堡堪称"黄金之城",在西方国家首都城市只有几千人时,君士坦丁堡的人口数量已经接近百万了。

❖ 公元913年,罗斯人抢劫了伏尔加河下游的巴库。他们在这里得到了大量的战利品,甚至还有石油。这次抢劫不仅战利品丰厚到令罗斯人满足,遇到的危险也令他们刻骨铭心。他们意识到了危险,即在伏尔加河流域的买卖越来越难做了,于是他们开始四散游走,寻找新的目标,这才看到了君士坦丁堡。

❖ 巴库有着一口石脑油(就是今天的石油)的天然气井,这口井自古代开始就已经燃起,而且燃后不灭,到10世纪时,当地信仰拜火教的波斯人便在这里建立了一座神殿,这座神殿吸引了大量的朝圣者,甚至有来自印度的朝圣者,因此那个时候的巴库就有了可观的旅游收入。

和克里维奇人,其统治者开始称为大公。

攻入拜占庭帝国

公元907年,奥列格率领2000艘船和8万罗斯士兵,从黑海和基辅两路出发,兵临君士坦丁堡。

奥列格命人在战船上安上轮子,一路上遇水下河,没水就上岸。遇到山就绕过去,扬开风帆,快速向前挺进。沿途的保加尔人、瓦拉几亚人望风而逃。

面对这样强大的敌人,拜占庭帝国皇帝无心与之开战,便与奥列格签订和约,奥列格不但从拜占庭帝国获得了价值96万格里夫纳的贡品,还取得了贸易上的特权(不用上缴关税,同时享受当地人所能享受的一切权力),使罗斯商人获得免缴贸易税的权利。

奥列格带着满满的战利品,心满意足地回到了基辅。此时的基辅罗斯公国已经显现出一个大国的潜力。

※ [奥列格命令部队攻打拜占庭帝国军队]

第 4 章 维京人东去骚扰俄国

奥列格谢任：让留里克的儿子伊戈尔成为大公

作为留里克王朝的第二任王公，奥格列扩大了基辅罗斯公国的疆域，并且疏通了河道，使河流畅通无阻成为商路，从此，基辅不仅成为第聂伯河流域的俄国各公国联盟的中心，也成了欧洲的重要城市之一，在商业、文化、艺术各方面都领先于俄国其他城市。

奥列格为留里克王朝耗尽了精力，公元922年，奥列格兑现了与留里克的约定，死后让留里克的儿子伊戈尔接任大公，自己在生命舞台完美地退场。

※ [带着留里克的儿子南征北战的奥列格]

扩展阅读 基辅罗斯公国是由罗斯人和斯拉夫人的后裔建立的王朝

在维京人留里克来此之前，俄国的主体是基辅公国，其领地大约是今天俄罗斯欧洲部分的西部地区，建立这个公国的并不是当地的土著，而是一支来自北极圈的维京人——瓦良格人。

※ 罗斯人每隔几年就会入侵一次君士坦丁堡，目的并非想占领它，而是为了缔结更加有利于自己的盟约。在罗斯人的新首领伊戈尔接棒之后，分别于公元941年和944年向君士坦丁堡发起了进攻。

海洋与文明 北欧海盗征服欧洲 | 59

> 乌利奇人是一个 8—10 世纪生活在比萨拉比亚、布格河、第聂伯河下游和黑海北岸的早期东斯拉夫人部落。他们为保持独立曾长期与基辅罗斯公国斗争，直到公元 940 年部落被攻陷，开始向基辅罗斯公国纳贡。

其实俄罗斯人的祖先是东斯拉夫人，大约在公元 6 世纪，居住在第聂伯河流域的东斯拉夫部落，以波利安人为核心形成部落。之后，经过了几百年的时间，东斯拉夫人逐渐形成了几个部落联盟，并且出现了一些公国。

9 世纪初，瓦良格人从西北部平原进入俄国，被当地的斯拉夫人称为罗斯人。之后，罗斯人便和斯拉夫人融为一体，慢慢地名称就由"罗斯人"改称为"俄罗斯人"，同时他们所居住的地方也被称作"俄罗斯"。因此，基辅罗斯公国是由罗斯人和斯拉夫人的后裔建立的王朝。

希腊火助战拜占庭帝国，维京人大败而归

公元 922 年，留里克的儿子伊戈尔接任基辅罗斯公国大公，同时也继承了前两位王公的遗志，伊戈尔一生致力于征战和索贡。他在位期间，吞

[基辅大公－伊戈尔]
伊戈尔全名为伊戈尔·留里科维奇，他是留里克王朝实际的创建者。

[伊戈尔从海上进攻君士坦丁堡]

并了乌利奇人，征服了德列夫利安人，将势力发展到今天乌克兰的西部。随后，他和草原上的佩切涅格人发生了战争，战争的过程已经被人遗忘，但伊戈尔随后和佩切涅格人缔结了和约。他是第一个和草原民族发生政治关系的大公。

入侵君士坦丁堡，遭遇拜占庭帝国的"秘密武器"希腊火

自奥列格时代开始，君士坦丁堡就是维京人在东方的主要贸易据点，最早与君士坦丁堡接触的留里克就曾攻打过这里，但是却失败了。而奥列格之所以能够与拜占庭帝国和谈，是由于当时拜占庭帝国正在与伊斯兰世界开战，无暇兼顾，所以才不得不赔偿，并同意罗斯人在拜占庭帝国境内进行贸易。

到了公元941年，拜占庭帝国暂时解决了伊斯兰世界的问题，于是取消了罗斯人在拜占庭帝国境内的商业特权。

时任基辅罗斯公国大公的伊戈尔便再次集结了舰队，

> 自奥列格之后，君士坦丁堡就成为罗斯人在东方的主要据点，罗斯人发现在中世纪的欧洲，只有君士坦丁堡拥有足够的经济实力，可以成为他们的雇主，定期发佣金，于是大批罗斯人和斯堪的纳维亚人作为雇佣兵来到这里。

第4章 维京人东去骚扰俄国

[有着希腊火助威的海战场面]
希腊火是早期热兵器之一，主要应用于海战中。

向拜占庭帝国的心脏——君士坦丁堡发动进攻。面对君士坦丁堡这座有着 300 多年历史、固若金汤的城池，罗斯人没有多少底气。战争一开始，双方你来我往，谁都没占到便宜，但是就战斗力来说，罗斯人的实力还是不容小觑的。

君士坦丁堡的战况在僵持不下后，拜占庭帝国一方拿出了他们的秘密武器——希腊火，火喷射到了罗斯士兵身上，为了灭火，罗斯士兵们纷纷跳船下海，但由于身上穿着沉重的铠甲和头盔，有些士兵跳下去之后就沉了下去，而另一些没有跳下海的则被活活烧死了。

伊戈尔战败了，面对突如其来的希腊火攻击，罗斯人的战船被烧毁了大半，被迫北返。

伊戈尔并不甘心，3 年后，他率领一支规模更大的舰队驶向君士坦丁堡。此时，拜占庭帝国皇帝正忙于和保加利亚人的战争，君士坦丁堡守备空虚。拜占庭帝国皇帝不得不答应了伊戈尔的要求，支付赔款并恢复了罗斯人在拜占庭帝国的贸易特权。

伊戈尔被杀，其妻子用严酷的武力手段镇压了德列夫利安人

依照当时的惯例，罗斯大公要到自己的领地亲自征收贡税。农民和商人将实物或货币交纳给大公，贡税包括毛皮、蜂蜜、小麦、肉类、亚麻布以及金银。

公元 945 年，伊戈尔前往德列夫利安人的村庄索贡，他向当地人索要双倍的贡税。德列夫利安人无法忍受，怒不可遏，群起围殴，将伊戈尔打死了。

伊戈尔的儿子斯维亚托斯拉夫当时还是个孩子，他的妻子奥丽加暂时继任大公。面对德列夫利安人的造反，奥丽加决定用严酷的武力手段镇压他们。她是一个心狠手辣的女人，烧死了无数的战俘，并将德列夫利安人的城市夷为平地，据说她使用鸽子将德列夫利安人的房屋烧毁。

❀ 据史料记载，希腊火的最后一次使用是在君士坦丁堡的围攻战中，在此之后，希腊火的配方也随着奥斯曼帝国的焚毁而失传。尽管希腊火已经淡出海战，但其海战的威力使当时的人们谈虎色变，曾称霸世界 800 余年，直到 13—14 世纪火药的大规模使用，才使希腊火湮灭在人们的记忆中。

❀ 德列夫利安人是一个 6—10 世纪生活在波里西亚和右岸乌克兰的东斯拉夫人部落，是奥列格生前征服的部落，但是在奥列格死后，德列夫利安人停止向罗斯人进贡。

❀ 奥丽加为了报复德列夫利安人，曾下令这里的土著每家上缴一只鸽子，在收上来之后，把燃烧物绑在鸽子的腿上，再将它们放回去，结果鸽子就成了燃烧弹，摧毁了他们的聚居地。

❀ [伊戈尔之死]

第 4 章 维京人东去骚扰俄国

鉴于亡夫被杀的教训,奥丽加制订了固定且明确的赋税标准,这是基辅罗斯公国历史上第一个关于赋税的标准。她还是留里克王朝第一位接受东正教洗礼的成员。

> ❀ 奥丽加是第一个皈依基督教的罗斯统治者。为了加强与拜占庭帝国的联系,奥丽加于公元 955 年前往君士坦丁堡,在那里受洗皈依东正教。

❀ [伊戈尔·留里科维奇·奥丽加]
伊戈尔死后,曾有杀死她丈夫的德列夫利安人向奥丽加提亲,劝说她嫁给他们的首领。奥丽加下令处死了全部使者,并对德列夫利安人进行了残酷的报复。

海洋与文明 北欧海盗征服欧洲 | 63

扩展阅读：拜占庭帝国最早的军事机密——希腊火

希腊火是拜占庭帝国发明的一种可以在水上燃烧的液态燃烧剂，据说使用的是石油，为早期热兵器，主要应用于海战中。"希腊火""希腊火药"或"罗马火"只是阿拉伯人对这种恐怖武器的称呼，拜占庭人自己则称之为"海洋之火""流动之火""液体火焰""人造之火"和"防备之火"等。

根据文献记载，希腊火曾多次为拜占庭帝国的军事胜利做出重大贡献，一些学者和历史学家认为它是拜占庭帝国能持续千年之久的原因之一。

希腊火的配方像皇位一样只传给皇帝，是拜占庭帝国的最高机密，为了防止泄露，拜占庭人在战争中很少使用希腊火，只会在生死存亡之时使用。

希腊火的配方现已失传，其成分至今仍是一个谜，而据当时受希腊火所伤的十字军战士所记述："每当敌人用希腊火攻击我们时，所做的事只有屈膝下跪，祈求上天的拯救。"这段文字足以说明希腊火的威力。

[使用希腊火助威的防卫战]
君士坦丁堡这座城市在拜占庭帝国末期可谓是灾难不断，于是希腊火这样的神器便开始使用在防卫战中。

武士大公斯维亚托斯拉夫

伊戈尔的儿子斯维亚托斯拉夫长大后，其母奥丽加将大公权力交还给他，斯维亚托斯拉夫外出征战，奥丽加就在国内辅政。斯维亚托斯拉夫是一个光头，蓄有胡须，是一个喜欢和自己的亲兵待在一起的武士大公，他的一生几乎都在打仗，他征服了维亚季奇人，将势力深入到了今天的白俄罗斯。

远征可萨汗国

可萨汗国近 200 年来一直是东欧最强大的游牧汗国。当罗斯人进攻他们的时候，可萨人正陷入内乱之中。他们的汗庭被斯维亚托斯拉夫的大军摧毁，其国王及亲兵逃离到高加索一带，最终被斯维亚托斯拉夫的大军彻底击败。

第 4 章　维京人东去骚扰俄国

❋ [可萨人骑兵与罗斯人激战]

公元 965 年，斯维亚托斯拉夫带领大军前往可萨汗国的领地。这次他们没有使用海盗惯用的攻击手段，而是堂堂正正地向可萨人派出使者约战，之后在战场上将其击败。

❋ 前文说过，哈扎尔人又称可萨人，这是一支有着东亚血统的游牧民族。中世纪早年曾在里海、伏尔加河流域、顿河平原建立强盛一时的可萨汗国。

❋ [保加利亚王国建立者阿斯巴鲁赫]

阿斯巴鲁赫(约公元646—700年),保加尔人首领。公元7世纪中叶率领保加尔人迁徙至多瑙河下游南岸。公元679年率领保加尔人和当地斯拉夫人7部落击退拜占庭帝国皇帝君士坦丁四世的进攻,迫使其言和。拜占庭帝国割让多瑙河下游南岸一带土地,承认保加利亚为独立国家,是为保加利亚王国之始。

征服保加利亚王国

公元968年,斯维亚托斯拉夫在拜占庭帝国皇帝约翰一世的授意下,向保加利亚王国发动进攻,罗斯人攻占了多瑙河下游的保加利亚首都普列斯拉夫,保加利亚新王鲍里斯二世向罗斯人称臣纳贡。

征讨拜占庭帝国,佩切涅格人反叛并围攻基辅

斯维亚托斯拉夫和前几位大公一样,不断地征服更多的领地,但是他更希望能够占领那个"富得流油的城市"君士坦丁堡。为此,斯维亚托斯拉夫打算将都城迁

❋ 在长达一个世纪的时间里,罗斯人为进攻君士坦丁堡付出了沉重的代价,屡屡惨败,至此他们才明白,不管是大规模袭击还是使用阴谋诡计,他们都没法攻破君士坦丁堡。

❋ [保加利亚骑兵]

❈ [进攻保加利亚的罗斯骑兵]

徙到普列斯拉夫，以便向拜占庭帝国发动战争。

在战胜保加利亚人之后，斯维亚托斯拉夫率领一支由罗斯人、保加利亚人和佩切涅格人组成的、共 30 800 人的军队向拜占庭帝国前进。他们一边推进，一边沿途洗劫色雷斯的城乡。

此时，拜占庭帝国的军队主力正在东部忙于平叛，可让斯维亚托斯拉夫没想到的是，拜占庭帝国的军队能迅速地回援，双方在阿卡迪奥波利斯城的野外发生激战，拜占庭帝国军队突袭了侧翼的佩切涅格人，斯维亚托斯拉夫见出师不利，没有前去增援，而是选择撤退，此战导致没来得及撤退的佩切涅格人死伤惨重。

佩切涅格人成了炮灰，面对斯维亚托斯拉夫的冷漠，不甘心的佩切涅格人在撤退后包围了基辅罗斯公国的首都基辅。斯维亚托斯拉夫动用大军这才解围，这次进攻拜占庭帝国失败了，但是他并没有放弃南下的决心。

第 4 章　维京人东去骚扰俄国

[斯维亚托斯拉夫之死]

挥不去的遗憾：没死在与拜占庭帝国的交战中，却死在了回程的途中

公元 971 年，斯维亚托斯拉夫率领 65 000 人，再次南下进攻拜占庭帝国。

狡猾的拜占庭人在敌人到达之前成功占领了保加利亚王国的首都普列斯拉夫，杀死了倾向罗斯人的国王，扶植了倾向自己的国王，于是保加利亚人和拜占庭帝国的军队合为一处，共同抗击斯维亚托斯拉夫的军队。

保加利亚人的背叛使得斯维亚托斯拉夫只好在多罗斯托隆城下和拜占庭帝国军队交战。但是，拜占庭帝国强大的骑兵很快使得罗斯军队溃不成军。斯维亚托斯拉夫被困在多罗斯托隆城中。

在经历了几个月的包围后，斯维亚托斯拉夫向拜占庭帝国皇帝约翰一世投降，他承诺退出保加利亚，成为拜占庭帝国的雇佣军，从而得以离开。

斯维亚托斯拉夫在返回基辅的途中，被仇恨他的佩切涅格人截住，斯维亚托斯拉夫被杀死，追随他的亲兵也大多阵亡，逃回的亲兵带回了大公的死讯。

🌱 弗拉基米尔夺得了基辅罗斯公国的大公之位

斯维亚托斯拉夫的死，出乎了基辅罗斯公国国内的意料，新一任大公需要立刻继位。他的3个继承人之间发生了激烈的争斗。

亚罗波尔克杀死了一个弟弟，赶跑了另外一个弟弟弗拉基米尔

斯维亚托斯拉夫在南下征讨君士坦丁堡前，把国内的领土平分给了3个儿子管理：长子亚罗波尔克驻守基辅；诺夫哥罗德交给了次子弗拉基米尔。德列夫利安的领地则交给了小儿子奥列格。

由于斯维亚托斯拉夫突然死亡，并没有留下遗嘱，基辅罗斯公国大公之位的继承权，点燃了3个兄弟间的战火。

公元972年，有着继承人之名的亚罗波尔克，在地主和贵族的支持下，登上大公之位，亚罗波尔克是基辅罗斯公国历史上第一个和神圣罗马帝国发生外交关系的君主。他妻妾成群，其中一位是德意志施瓦本公爵的女儿。他最喜欢的是一位被父亲从保加利亚掳来的希腊修女。可是由于另外两兄弟占据着广大的领地，他的统治并不稳固。

公元977年，三兄弟发生了激烈的冲突，亚罗波尔克杀死了弟弟奥列格，吞并他的德列夫利安领地，随后，他又夺取了弗拉基米尔的领地诺夫哥罗德，弗拉基米尔逃到了留里克在北欧的老家。

※ [亚罗波尔克·斯维亚托斯拉维奇]

亚罗波尔克是斯维亚托斯拉夫的长子，父亲在外出征期间由祖母抚养。到了公元970年时，在斯维亚托斯拉夫外出征讨期间，曾将基辅罗斯公国的统治权交给亚罗波尔克。

※ [弗拉基米尔·斯维亚托斯拉维奇]

第 4 章　维京人东去骚扰俄国

弗拉基米尔的崛起

弗拉基米尔并没有就此消沉，他在北欧召集了一批维京雇佣军。弗拉基米尔带着雇佣军从北方南下，沿途招募瓦良格人和斯拉夫人。

弗拉基米尔并没有直接去攻打基辅，而是来到波洛茨克，打算和这里的大公结盟。因为波洛茨克是个四通八达的战略要地，最重要的是他迷上了大公的女儿罗格涅达。她是罗斯有名的美女，弗拉基米尔向她求婚，却被拒绝。

被拒绝的弗拉基米尔，指挥维京人攻陷了这座城市，杀掉了大公，占有了他的女儿罗格涅达。

弗拉基米尔以波洛茨克为前哨，第二年击败了兄长亚罗波尔克的军队，包围了基辅。

无奈之下，亚罗波尔克同意和弗拉基米尔和谈。公元978年冬天，亚罗波尔克出城准备与弟弟和谈，却被弟弟预先埋伏的人杀害。就这样，弗拉基米尔踏着兄弟的血，登上了基辅罗斯公国大公的宝座。

弗拉基米尔进入基辅，首先便占有了哥哥的妻子，也就是那位来自希腊的修女，随后便生下了一个儿子，谁也说不清这个孩子的生父是哥哥亚罗波尔克还是弟弟弗拉基米尔。

❀ [弗拉基米尔在千年人物中的雕像]
中间的就是弗拉基米尔，他举着十字架宣扬基督，他右手边的妇人抱着小孩等待受洗。

❀ 弗拉基米尔是如今的俄罗斯男人非常喜欢使用的一个名字，这个名字的确切含义就是"控制世界"。

[在罗斯人土地上建造的长船 - 尼古拉斯·罗里奇（1903 年）]

[弗拉基米尔对克森尼索的征讨]

第 4 章　维京人东去骚扰俄国

海洋与文明　北欧海盗征服欧洲 | 71

延续祖辈的扩张思路，将领地不断扩张，弗拉基米尔皈依东正教

弗拉基米尔成为基辅罗斯公国大公后，延续了祖辈的扩张思路。

公元981年，他击败波兰国王，征服了佩列梅什利，基辅罗斯公国一举将版图扩展到加利西亚。

第二年，他打败了维亚季奇人。

第三年，他打败了立陶宛一带的雅特维吉人。

第四年，他征服了拉季米奇人。

第五年，他的舰队征服了卡马河流域的保加尔人。

弗拉基米尔的宗教梦想

随着领地不断扩大，弗拉基米尔深深地知道，领地中的各种族人种，鱼龙混杂，此时他的国家需要一个全新的宗教，接受宗教的约束，才能巩固自己的统治。他曾想将斯拉夫人的所有神像聚集到基辅，但是失败了。

[一名罗斯首领的船葬 – 1883年]

弗拉基米尔规定东正教为基辅罗斯公国的国教，命令人民必须信仰，而且下令所有基辅市民在第聂伯河中接受拜占庭教士的洗礼，并把多神教的神像投入河中。

[拜占庭帝国军队与巴尔达斯军队决战场景]

72　｜　海洋与文明　北欧海盗征服欧洲

于是他派人去西欧、乌拉尔、亚细亚和希腊寻找适合的宗教。

弗拉基米尔的使者们看到罗马教会的教士们愁眉苦脸，不太相信这样的人能帮助自己获得救赎；穆斯林的生活习惯也让罗斯人无法接受；至于犹太教徒，罗斯人则觉得他们太软弱了。于是，他们只剩东正教这一个选择。东正教有着对王权的依附和集权的向往，以及那一套华丽、烦琐的仪式。这些还是颇令弗拉基米尔满意的。

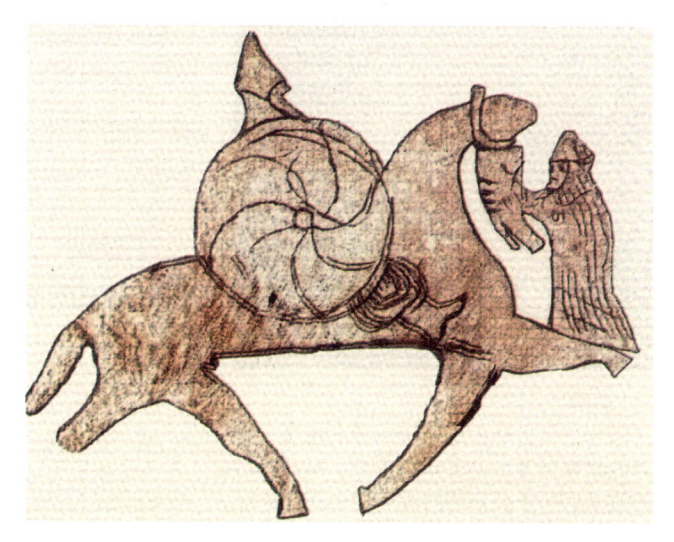

❀ [哥得兰发现的维京时代画像石]

上图所示的画像石描绘的是维京神话人物瓦尔基里向骑马前来的北欧海盗献上美酒的情景。从这绘画中可以发现，原本擅长航海的维京海盗渐渐也习惯了骑马。

巴尔达斯发起了一场叛乱，自立为王

就在此时，拜占庭帝国马其顿王朝正面临统治危机。拜占庭帝国大将军巴尔达斯·福卡斯发起了一场叛乱。巴尔达斯率军穿过小亚细亚半岛，一路上领着叛军将附属于拜占庭帝国的城池洗劫一空，途中几乎没有遇到任何抵抗。

巴尔达斯在分割亚欧两大洲的博斯普鲁斯海峡自立为王，给自己戴上了仿制的拜占庭帝国皇冠，穿上了只有帝国皇帝才能穿的紫色长靴。巴尔达斯势力渐涨，原本拜占庭帝国的很多城池纷纷归附到他旗下，纷纷向巴尔达斯致贺并提供援助。

弗拉基米尔答应帮助巴西尔二世，但条件是娶安娜公主为妻

拜占庭帝国皇帝巴西尔二世此时由于登位不久，没有可以依赖的军队和朝臣，他急需一支军队的援助。巴西尔二世想到了骁勇善战的罗斯人，于是派使臣匆匆赶

❀ 公元1018年，巴西尔二世正式吞并了保加利亚，将其作为拜占庭帝国的一个行省，并将保加利亚15 000名士兵挖掉了眼睛，因此得到了"保加利亚屠夫"的外号。

第4章 维京人东去骚扰俄国

[巴西尔二世]

巴西尔二世是拜占庭帝国中期的雄主。在拜占庭帝国漫长的千年历史中，被动挨打的时间远长于强盛的时间，但也有过辉煌的岁月，巴西尔二世时代就是与查士丁尼时代并驾齐驱的两大黄金时期。

> 拜占庭帝国皇帝巴西尔二世统治时期是拜占庭帝国历史上最鼎盛的时期，时间大约是公元976—1025年。

向基辅去了。

弗拉基米尔热情地接见了巴西尔二世的使者，并慷慨地答应了援助。弗拉基米尔从斯堪的纳维亚半岛调来了6000名维京雇佣兵，让他们前去支援巴西尔二世；但作为交换，弗拉基米尔提出要娶巴西尔二世的妹妹安娜公主为妻。

巴西尔二世和弗拉基米尔都同意了对方提出的要求

这个条件要让今天的我们来看，其实并不过分，但在当时的拜占庭人看来，那简直是不可能的。因为在拜占庭帝国的历史上，还从来没有一个公主下嫁给一个"野蛮人"，并且还是个异教徒，而且劣迹斑斑，已经娶过7位妻子，皇宫的侍妾多达800多人。

虽然安娜公主及拜占庭帝国的部分贵

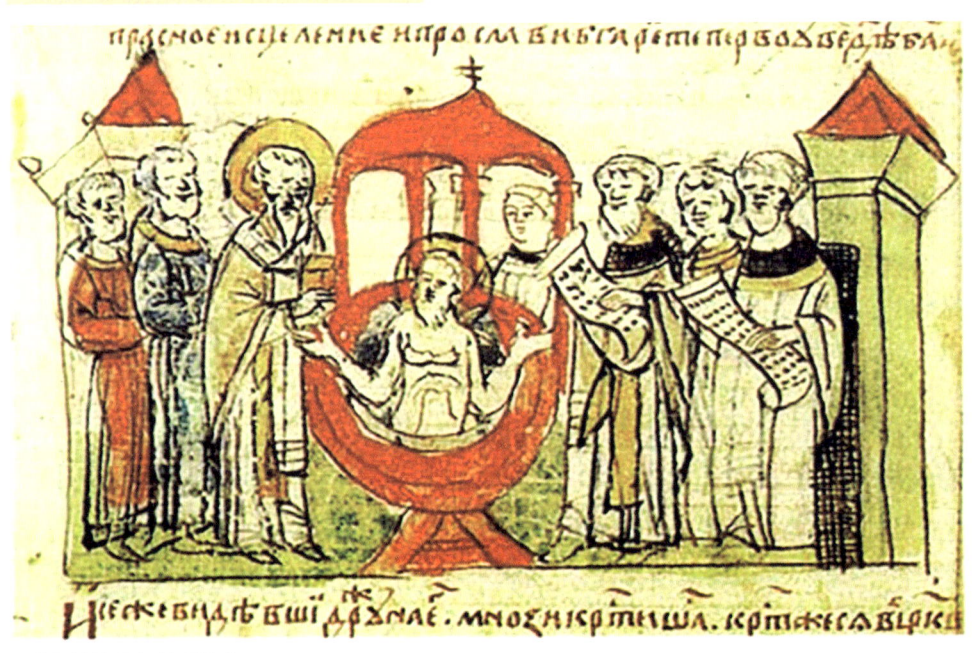

[弗拉基米尔的受洗]

74 | 海洋与文明 北欧海盗征服欧洲

族非常排斥这个条件，但是巴西尔二世却答应了他，他只有一个条件，那就是弗拉基米尔必须皈依东正教，改掉之前一些令其"臭名昭著"的行为。原本弗拉基米尔就看好东正教，欲引进到基辅，如今拜占庭帝国皇帝要求其皈依东正教，他当然爽快地答应了（拜占庭帝国信奉的就是东正教）。

公元988年，弗拉基米尔迎娶了27岁的安娜公主。随后，他命令国民捣毁神像，在第聂伯河接受拜占庭教士的洗礼。出于对巴西尔二世的尊敬，他的教名是"巴西尔"的斯拉夫称谓"瓦西里"。基辅罗斯公国，包括日后的乌克兰、俄罗斯、白俄罗斯都因此接受了东正教。

> 回头再看如今的罗斯人的生活，他们摒弃了过去半游牧式的以抢劫为生的生活方式，开始过起了安定的生活，虽然此时的罗斯人仍然承认自己是维京人，但一些全新的东西已然出现，一些变化也已经在进行。

维京海盗的新职业——雇佣军

有了维京人的帮助，拜占庭帝国的叛乱危机很快解除了。这让巴西尔二世的皇位得以稳固，更重要的他意识到，他需要一支强有力的并且效忠于自己的军队，而眼前的维京人就是。想令他们效忠，就必须给予足够的金钱，于是巴西尔二世成立了历史上有名的瓦兰吉卫队，他们主要由维京人组成，主要负责皇帝的安危，在有战争时，他

第 4 章 维京人东去骚扰俄国

[9世纪维京人的镀金战旗]
上图所示为青铜铸成的一面镀金战旗，是9世纪造的维京战船上的船头装饰，如今挪威的教堂拿它来当风信标。

[战斗中的瓦兰吉卫队]
弗拉基米尔派出的第一支瓦兰吉卫队是由6000名男子组成的。但是组成军队的人确是一些"不守规矩"的人或是"无偿"的人。

海洋与文明 北欧海盗征服欧洲 | 75

们就担任帝国的突击队。

在瓦兰吉卫队的帮助下，拜占庭帝国控制了从叙利亚到西西里岛的广阔地域，而对于维京人来说，参加瓦兰吉卫队，不仅可以拿到皇帝的佣金，而且还可以正大光明的劫掠财富。

于是在接下来的几百年中，一些来自斯堪的纳维亚的维京人，都在瓦兰吉卫队服过兵役，这其中包括挪威国王、基辅罗斯公国的大公、爱尔兰贵族的首领，以及来自冰岛的勇士，这些人通过这种方法，不仅威望大增，而且还获得了大量的财富。

此时的维京人摒弃了过去半游牧式的以抢劫为生的生活方式，开始在某些城市定居生活，虽然罗斯人仍然认为自己是维京人，但是准确地说他们是斯堪的纳维亚人的后裔，他们的一些理念也开始改变，罗斯人渐渐成了俄罗斯人。

❋ [被杀死的瓦兰吉卫队成员]
上图描述的是一名女子杀死试图侵犯她的瓦兰吉卫队成员。

❋ [身犯杀人罪的女子却被尊为英雄]
此图描述的是杀了人的女子被同族人视为英雄，并接受族人的捐赠。

❋ 瓦兰吉卫队虽然被拜占庭帝国雇佣，却不受政府和宫廷的管理，他们也不属于普通公民，加上他们本身就是身有瑕疵的不良之人，所以他们在当地并不受欢迎。

🌱 最后一位海盗国王，标志着维京文化在基辅罗斯公国彻底消亡

为了使基辅罗斯公国长久的强大，才是加入东正教的真正目的

东正教这个基督教分支，远比弗拉基米尔以前信仰的其他信仰更具吸引力，因为基督教中只有一个神，那就是无所不能的上帝。

拜占庭帝国的专制统治也是在这种信仰的基础上建立的，天堂里只有一个上帝，人间就应当只有一个皇帝。

❆ [瓦兰吉卫队雕刻]

到了 11 世纪末期，瓦兰吉卫队的成员逐渐被英国的盎格鲁-撒克逊人所取代。这是由于自"征服者"威廉之后，英格兰本土的盎格鲁-撒克逊军人不甘于被诺曼人统治，于是外出"找工作"，从而跨越黑海沿岸，来到拜占庭帝国。

❆ 相比于罗斯人，拜占庭帝国的指挥官更喜欢来自不列颠群岛的人，甚至还宣称：盎格鲁-撒克逊人的到来等同于古代罗马英国士兵的忠诚。

上帝做事时不需要征得下属的同意，也不需要下属的配合；上帝要什么就会有什么。弗拉基米尔也想在基辅建立这种统治模式，所以当拜占庭帝国的巴西尔二世让他皈依东正教时，他爽快地答应了。

弗拉基米尔信奉了东正教后，拉近了与拜占庭帝国的关系，更重要的原因是，他看到与自己的统治相比，拜占庭帝国的根基非常稳固。无论基辅罗斯公国现在看

第 4 章 维京人东去骚扰俄国

❆ [《维京：王者之战》剧照：公元 1230 年左右瓦兰吉卫队装束 - 中、右侧士兵]

起来有多强大，但罗斯人无法像拜占庭人一样在巴尔干地区维系强大的军事实力。基辅罗斯公国的罗斯人缺乏拜占庭人那样的组织纪律，没有相应的上下级部属。基辅罗斯公国眼下虽然强大，但只是暂时的，就像他的前辈一样，无法建立一个长久的帝国。

为了政治目的加入东正教，却真实地改变了这位大公

弗拉基米尔原本是为了政治上的目的和加强与拜占庭帝国的联系，才加入东正教，但弗拉基米尔自从受洗礼之后，改变了很多。

首先，弗拉基米尔废除了死刑；他还引入了新的文字，在好几座城市都建起了学校，每年还会拨出一部分税收收入用来发放救济。

[基辅公主 – 安娜·雅罗斯拉夫娜]
历史学家讽刺弗拉基米尔为了政治，"欧洲每一位国王都娶基辅罗斯公国的公主为妻"。这些远嫁的公主们也有了不错的发展，比如安娜公主，她嫁给了法国国王亨利一世，深谙宫廷政治。

原来弗拉基米尔有多达800多个侍妾，分别被安置在不同的行宫之中，他无论在哪里居住都有侍妾的服侍，但自从娶了拜占庭帝国的安娜公主之后，弗拉基米尔遣散了其他的妻妾，只留下了这一位妻子。

弗拉基米尔有过那么多的侍妾，自然子女也不少，也生了很多公主，弗拉基米尔努力的培养她们，无论是文化还是艺术，她们都具备了很高的修养。后来弗拉基米尔把这些公主都嫁给了欧洲的君王。

在他统治的时候，基辅罗斯公国步入了最辉煌的时代。

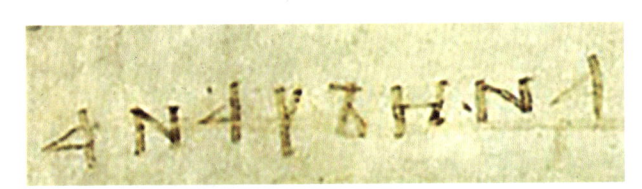

[基辅公主 – 安娜·雅罗斯拉夫娜的签名]
安娜公主后来在儿子腓力执政期间还临朝摄政。有一些安娜摄政期间留传下来的文书，文书上有很多当时惯用的标记。这说明当时的法国贵族还不会写自己的名字；但有一张牛皮纸上却留有安娜的亲笔签名，写的是"安娜皇后"几个字，用西里尔字母写成，笔画娟秀端正。

🌱 罗斯人已经不能再称为维京人了

有了这一系列的举措,基辅罗斯公国越来越像拜占庭帝国,吸引了许多拜占庭帝国的手工业者和艺术家,纷纷来到基辅定居,于是石砌建筑代替了基辅罗斯公国的维京木屋,还仿照君士坦丁堡的拱顶教堂建造了圆顶的石砌教堂。

罗斯人越来越不像维京人了,虽然弗拉基米尔和他的儿子,都认为自己是维京海盗王。但由此开始,他们也开始觉得自己与维京人不同,他们已经不再使用维京人的语言(古诺尔斯语),甚至不再用维京人的名字,并且也不把同族的瑞典人当成盟友,而是把其当成贸易对手来看。

弗拉基米尔的晚年在那位不知是他儿子还是侄子的背叛中度过,他当年杀害兄弟的行为给他带来了可怕的后果,他最终于公元 1015 年离世。

在弗拉基米尔死后的 100 多年里,维京人的痕迹在罗斯人身上几乎消失殆尽,罗斯人已经不能再称为维京人了,到了公元 1472 年,拜占庭帝国末代皇帝的侄女嫁给了基辅罗斯公国的伊凡大帝,标志着维京文化在基辅罗斯公国彻底的消亡。

※ [刻有如尼文字的维京石刻]
这是瑞典罗克地区发现的石头,刻有北欧文字。

🌱 引入西里尔文字

弗拉基米尔针对罗斯人使用的如尼文字冗繁复杂、不太适用的缺点,引入了西里尔文字。这一举措让罗斯人有机会了解君士坦丁堡那丰富的文化底蕴,从而进一步加强了同拜占庭帝国之间的文化联系。后来弗拉基米尔的儿子雅罗斯拉夫用西里尔语在基辅颁布了第一部法典,那部法典是在拜占庭帝国法典的基础上颁布的,而不是以维京人的法典为先例的。

※ [西里尔文字]

第 5 章
维京人西去入侵不列颠群岛

林第斯法恩修道院袭击事件结束之后的几年内,大部分丹麦维京人把注意力都集中到了法兰克王国,而挪威维京人则把新的入侵目标选在了不列颠群岛。

西侵第一站:爱尔兰岛

尽管不列颠群岛没有法兰克王国那么富庶,但是英格兰、苏格兰和爱尔兰在政治上彼此独立,而且有着众多修道院。特别是爱尔兰,那里的修道院星罗棋布,因此颇具诱惑力。

爱尔兰岛入选的理由

爱尔兰岛位于欧洲的西北部,是不列颠群岛中面积较大的岛屿之一,从地图上看,它与挪威仅有一海之隔,所以爱尔兰岛不可能逃脱维京人的洗劫。

爱尔兰岛是一个名副其实的"宝岛"。岛上有各种珍贵的原料,这些原料曾出口到大部分北欧地区。这里还蕴藏着丰富的金矿、银矿和铜矿,盛产绿宝石、蓝宝石、紫水晶、黄水晶和淡水珍珠等。早在公元前 2000 年,爱尔兰岛的能工巧匠就制造出了质量上乘的金属制品,沿海一带还发现有名为"凯丽钻石"的石头。这种闪闪发光的石头被用来装饰

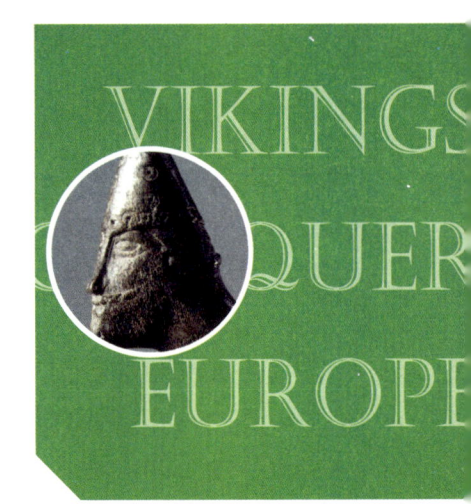

[伊瓦尔的军队]

[斯凯岛]

盒子、点缀珠宝乃至贵重书籍的封面。此时的爱尔兰岛上文化兴盛，修道院众多，虔诚的当地居民努力学习基督文化，为了迎合这种势头，商人们也适时制造出许多绚丽的彩色手稿，这种手稿远销西欧各地。

除此之外，爱尔兰岛上的大小部落趋于联合，但尚未统一，这对于维京人来说，无疑是入侵的最佳时机。

入侵爱尔兰岛

当丹麦维京人还在忙着劫掠查理曼大帝的法兰克王国时，挪威维京人已经绕过苏格兰北部，直袭爱尔兰岛。公元795年，挪威维京人洗劫了位于苏格兰西北海岸的圣哥伦比亚修道院。很快，他们又掠夺了斯凯岛以及位于都柏林北部40英里之外的凯尔斯聚集区。他们屠杀修士、烧毁建筑、带走大部分的牲畜。维京人仅仅用了10年的时间，便绕过了北部的海岬，沿着西海岸开始了他们的劫掠之路。

维京人的惯用伎俩——勒索

刚来到爱尔兰岛的挪威维京人会先用两三艘船只"投石问路"，看看当地人的反应。

挪威维京人总是抢劫沿海地区中那些孤立而又最负

> 爱尔兰岛是不列颠群岛中面积较大的岛屿之一，南北长475千米，东西宽275千米，全岛面积6.4万平方千米。爱尔兰岛是一个风景如画的地方，素有"翡翠岛"之称。

[维京石雕]
纪念公元793年血洗林第斯法恩修道院的石雕。

第5章 维京人西去入侵不列颠群岛

海洋与文明 北欧海盗征服欧洲 | 81

❧ 进入中世纪之后，基督教这种新的信仰传播到了爱尔兰岛。爱尔兰岛的学者在修道院中学习拉丁语和基督教神学，修道院在爱尔兰岛非常昌盛。

❧ 从公元 795 年开始，维京人（主要是来自对岸的挪威人）占领了奥克尼群岛和设得兰群岛后来到爱尔兰岛。

[都柏林的老街 – 萨克维尔街]

❧ 都柏林是爱尔兰共和国的首都和最大城市，它位于爱尔兰岛东岸的中心点，有欧洲的"硅谷"之称。

❧ 圣髑从狭义上来说是指列入圣品和真福品的圣人的遗体、遗骨（一等）。从广义上来说，是指这些圣人生前的用品（二等）或触及他们遗体的物品（三等）。

盛名的修道院，他们总能在当地军队来临之前，把修道院洗劫一空，然后逃之夭夭。

挪威维京人的抢劫行为频频得手，引来了越来越多的维京海盗，除了有挪威人之外，还有丹麦人。在接下来的 20 年时间里，整个爱尔兰岛遭受了不计其数的袭击。随着抢劫次数越来越多，挪威维京人也发现了来钱更快的方法——勒索。

公元 821 年，维京海盗来到位于爱尔兰岛西南海岸 80 英里之外，海平面 500 英尺之上的斯凯利格·迈克尔岛修道院，成功地洗劫了这个富庶的修道院，并且绑架了院长。起先，维京人以为院长更值钱，可发现修士们更在意圣髑（可以理解为舍利子一样的遗骸）和福音书，而人只能屈居第二，于是一并抢劫了圣髑和福音书，收获了大量的赎金。

除了绑架重要人物换取赎金，还抓平民卖作奴隶

挪威维京海盗们除了绑架重要人物、抢劫那些贵重物品来换取赎金，还绑架那些身份低微不值得赎回的爱尔兰人，将他们作为奴隶在地中海的伊斯兰集市中出售。

比如，在袭击位于都柏林湾的霍斯村落时，他们绑架了大批妇女；在袭击基尔代尔时，维京人掳掠了 280 人；袭击阿马时，维京人更是掳掠了 1000 人。这些人在维京人眼中就是会行走的"金币"。

由沿海逐步入侵到内陆

最初，维京人主要袭击沿海地区的修道院，并且这些袭击都是零星、无组织的。在

听说爱尔兰岛内陆地区更富庶之后，他们开始向内陆地区发起大规模、高效率的进攻。

公元 836 年的平安夜，一个维京海盗团伙沿着难以通行的埃文莫尔河谷向内陆地区进发了 20 多英里，洗劫了格伦达落和克朗莫尔的中央大教堂。同天晚上，在位于此地东北部 160 英里之外的地区，另一个维京海盗团伙袭击了康诺特，抢走了当地修道院中最珍贵的用于宗教仪式的圣髑。爱尔兰人被迫忍受维京海盗的敲诈、勒索，换回他们珍视的圣物。

[格伦达落的教堂遗址]
格伦达落是一个风景如画的小镇，上图所示的是建于 6 世纪的修道院。它是由古老的石头所建的房子，是祭司住的地方。

维京恶魔索吉尔斯

公元 836 年，"恶魔"索吉尔斯这个臭名昭著的维京海盗登上了历史的舞台。这一年，索吉尔斯率领大量船只登陆爱尔兰岛，爱尔兰编年史中甚至将他们称为"皇家舰队"。索吉尔斯似乎与斯堪的纳维亚半岛上的皇室有着千丝万缕的关联，爱尔兰岛的维京人奉他为领袖。

打劫爱尔兰岛上的圣地阿马郡

阿马郡位于爱尔兰岛北部。早在公元 400 年，圣帕特里克就选择此地作为信仰中心，在此传教，并于公元 461 年埋骨于此，他的许多遗物被当作圣物保留下来。随着时间的推移，他的坟墓附近建起了许多学校、修道院及一座主教堂。因此，这里是爱尔兰人眼中的圣地之一。

公元 839 年，索吉尔斯亲自带队发动

[圣帕特里克]
圣帕特里克于公元 386 年左右出生于英格兰。当时基督教刚被罗马帝国确立为国教，而爱尔兰岛还处于蛮荒时代。在他 16 岁的时候被海盗拐卖到了爱尔兰岛，在那里被囚禁 6 年。

❀ 圣帕特里克利用三片心形叶子的酢浆草，来向当时的爱尔兰人解释宗教上三位一体——天父、圣子及圣神的重要教义。因此，酢浆草就成了爱尔兰的象征，到了现在更以发现四叶的酢浆草为幸运的象征。

❀ 圣帕特里克的另一个象征是爱尔兰神话中的绿衣精灵。

袭击，维京海盗们除了把未及时逃脱的修士与教徒屠戮殆尽，还推倒祭台，扒开墓穴，砸开圣盒，把圣人遗物倾泻在地上，找寻其中珍贵的物品。此外，索吉尔斯还闯进圣帕特里克大教堂，利用祭台上遗留的物品祭祀奥丁。

显然，索吉尔斯的行为激怒了爱尔兰人，他们必须不惜一切代价阻止索吉尔斯的进一步行为。但是，此时爱尔兰岛南部的芒斯特联邦发生动乱，使得爱尔兰岛陷入了混乱。似乎上天都在帮助索吉尔斯，他利用这一时机继续向着内陆地区进发，一边抢劫，一边像国王那样开始征收赋税。

修建易守难攻的城池，索吉尔斯成为城堡的"君主"

索吉尔斯与爱尔兰人遇到的其他维京人截然不同，他自称"爱尔兰岛上的白色外族之王"。他并不满足于烧杀抢掠，心中有着更大的计划，试图直接征

✤ [索吉尔斯的进攻－1915年出版的哈钦森的《国家历史》插画]

第 5 章　维京人西去入侵不列颠群岛

服并控制整个爱尔兰岛。与前面说过的丹麦维京海盗戈德弗雷德一样，索吉尔斯在爱尔兰岛站住脚之后，就开始寻找易守难攻的基地，他将目标选在了位于东海岸的海湾，这里的位置极为理想，易守难攻，而且临近海洋，连接利斐河，既能直达爱尔兰岛内陆地区，又通向不列颠岛的西海岸。索吉尔斯在这里修建了朗福特城堡，在盖尔语中即为"都柏林"，也就是现在爱尔兰的首都。

索吉尔斯用厚重的木材铺设朗福特城堡的街道，按照维京建筑的样式建造屋舍，用混合柳条的泥浆修筑城墙。这里成了维京人在西欧大陆建立的首座城池，索吉尔斯便是这座城池的"君主"。

✤ [维京时代留下的工艺品]

这是凯尔特人（即爱尔兰土著人）制作的工艺品，但它却出现在斯堪的纳维亚的维京人坟墓中。

海洋与文明　北欧海盗征服欧洲　| 85

❖ 香农河一带被维京人占据之后,这里很快便发展了多处北欧人的定居点和交易中心。他们成功地将爱尔兰岛古老的特色经济,变成富裕而兴盛的商业经济。由于维京人的关系,爱尔兰岛向世界开放,大批贸易者来到此处。

❖ 渥尔娃女巫是北欧宗教中出现的女先知角色,在社会中拥有很高的地位。

❖ [维京士兵的头] 这件雕刻品是用鹿角雕刻制成的,上面的胡子和头发都梳得非常整洁,头饰是传统的椭圆形头盔,头盔上还有一个保护性的鼻甲,这与北欧海盗乱糟糟的模样不符。

加快侵略全岛的脚步,全面打劫爱尔兰岛西部的所有修道院

有了朗福特城堡作为根据地,大量的海盗纷纷来投靠索吉尔斯,其中除了挪威海盗外还有丹麦海盗,他们在索吉尔斯的统一指挥下形成了海盗联盟。从此之后,索吉尔斯展开了对爱尔兰全岛的侵略。

公元844年,他率领60艘战船,沿香农河而上,抵达今天的利默里克郡。他把军队分散成几支队伍,几乎同时洗劫了爱尔兰岛西部的所有修道院。

索吉尔斯在克朗麦克诺斯大教堂和克朗费特修道院,重复了他之前洗劫阿马郡时的行为。杀尽修士、抢完教堂之后,他的妻子奥塔,准确地说应该是渥尔娃女巫奥塔,举行了隆重的祭祀奥丁的仪式,借此抚慰维京人的军队。这种行为不但是对基督教的亵渎,索吉尔斯也希望能够借此削弱爱尔兰人对基督教的信仰。

❖ [利默里克古城堡]

走向生命终点：索吉尔斯被爱尔兰人绑上石头沉入河中

从公元836年入侵爱尔兰岛，到公元845年的10年间，索吉尔斯的势力几乎统治了整个爱尔兰岛。

虽然爱尔兰岛上的修道院中的修士和爱尔兰人纷纷拿起武器组成了军队，抵抗索吉尔斯，但显然这种蚍蜉撼树的行为，根本无法阻止索吉尔斯继续在爱尔兰岛上毫无忌惮地抢劫。

所幸的是，公元845年，塔拉联邦的至尊王梅尔·斯切林在一次战斗中击败并抓获了索吉尔斯，人们把这个可怕的恶魔和石头绑在一起，投入了河中。

索吉尔斯的死亡不仅终结了维京人在爱尔兰岛建立政权的企图，也让丹麦海盗和挪威海盗间的联盟分崩离析。

❀ 索吉尔斯的死还有另外一种说法：据说是在公元845年，至尊王梅尔·斯切林许诺为索吉尔斯和他的15个亲信寻找美丽的新娘，以此为由把他们引到河中的孤岛，那些新娘实际上是由年轻的爱尔兰士兵伪装的。当维京人前去拥抱他们的"新娘"时，那些士兵拔出尖刀，将他们全都捅死。

❀ [维京船形石头墓碑]

上图所示是发现于日德兰半岛上的维京船形石头墓碑，它们这样排列可能象征着用船载运死者的灵魂。这些死去的人都被烧成灰，埋葬于地下。

❀ [维京人的墓碑]

此碑刻有蛇形和古北欧文字，纪念一个为了寻找财富和获得荣誉而客死他乡的瑞典青年。

第 5 章　维京人西去入侵不列颠群岛

维京海盗在爱尔兰岛的内讧

挪威人是最早来到爱尔兰岛的海盗,但是后来这里的丹麦人越来越多,这两个群体之间的紧张关系日益加剧。索吉尔斯的突然死亡,使维京人内部唯一能够约束两方的人物不复存在,终结了维京人在爱尔兰岛建立统一政权的企图。

争夺都柏林:丹麦人与挪威人大肆拼杀

都柏林位于爱尔兰岛东岸的中心点,于公元841年建城。它发展迅速,逐渐成为维京世界最为繁忙的贸易口岸。都柏林连通了挪威、英格兰以及法兰克王国等地的商业中心,并且成了游荡在北大西洋之上的所有维京人经常停驻的港口。在索吉尔斯死后,这里就成了维京人各方势力争夺的焦点。

在索吉尔斯死后的第5年,也就是公元850年,为了占领都柏林,丹麦人与挪威人爆发了战争。

战争一开始,丹麦海盗军队成功跃过城墙,洗劫了都柏林。不过,挪威人很快就进行了反击,仅在一场持续三天的战役中,挪威人就屠杀了大量丹麦人。

加戈戴尔人加入战斗,使得局势变得更加混乱

就在挪威人和丹麦人拼杀得热火朝天的时候,第三股势力搅和了进来,他们是爱尔兰人和维京人通婚的后代,被称为"加戈戴尔人"。这伙人并没有严格的立场,不管是丹麦还是挪

[维京士兵石刻]

威，只要哪边许诺的条件好，加戈戴尔人便会为哪边而战。他们的加入使得局势变得更加混乱。

爱尔兰人多次进攻都未能夺得都柏林

就在维京人争夺都柏林的斗争最激烈的时候，当地的土著——爱尔兰人，悄悄积聚力量，一步步吞噬维京人的领地，慢慢地爱尔兰人将维京人赶回到沿海地区。

虽然如此，但是挪威维京人依旧牢牢地控制着都柏林。为了抢回此地，爱尔兰人曾对都柏林发起了6次进攻，每次都以失败而告终。

直到公元999年，在新领袖布赖恩·博鲁的带领下，爱尔兰人才赶走了维京人。

维京海盗崛起的新星

在争斗之际，挪威和丹麦维京人分别拥有了自己的新首领：奥拉夫和伊瓦尔。

挪威维京人的新首领是"白色"奥拉夫，他是一位挪威军事领主的儿子，在索吉尔斯去世那年来到都柏林。

丹麦维京人的新首领则是奥拉夫的远亲，即拉格纳的儿子——"无骨者"伊瓦尔。他来到爱尔兰岛的时间无从考证，但是此地的丹麦维京人的势力，都被他收入麾下。

无论是奥拉夫还是伊瓦尔，这两位维京人首领对于索吉尔斯试图征服整个爱尔兰岛的梦想没有任何兴趣。因为这两人都明白，爱尔兰岛有许多地方是维京人无法征服的，比如爱尔兰岛上内陆地区的沼泽和森林，无论是瘴气还是隐藏的军队，对维京人来说，那里遍布着潜

第5章 维京人西去入侵不列颠群岛

[《维京传奇》中的伊瓦尔]

"无骨者"伊瓦尔（830—873年），是9世纪时的一个维京人首领，公元865年秋，维京人入侵英格兰，他是这支军队的领导人之一。公元873年，他死于都柏林。他的绰号"无骨者"，是由于萨迦文学中提及他无法行走，需要别人抬着走，这很可能跟他患有先天性成骨不全症（又称"脆骨症"）有关。

> **英雄的妻子、智慧的女人——奥德**
>
> "白色"奥拉夫在挪威人的传说中,又叫"白肤色"奥拉夫,他有一个非常有智慧的妻子,名叫奥德。这个女人的父母曾经是一个小部落的首领,在"金发王"哈拉尔德统一挪威时,为了活命而逃往英格兰。
>
> 奥德自小习惯了抢劫的生活。当她嫁给奥拉夫之后,一直跟随在丈夫身边。奥拉夫战死之后,奥德便带着儿子躲藏起来,她的儿子即是后来的"红肤色"托尔斯坦,在母亲的教导之下,托尔斯坦成为一名海盗,与他的父亲奥拉夫一样,也开始南征北战,最后奥德亲眼看着自己的儿子死于英格兰人的暴动中。
>
> "白发人送黑发人"是非常悲惨的事情,可是奥德没有时间伤心,因为被英格兰人层层包围,自己危在旦夕。
>
> 奥德派人秘密造一艘船,然后趁深夜携带着贵重物品,以及孙女、孙子和负责保卫他们的20名士兵逃走。他们自思纳斯出发,经奥克尼群岛、法罗群岛,最后到达了冰岛。
>
> 在挪威人的典籍中是这样描述这位女性的:"很难再找到这样一个妇女,能从如此困境中脱身,而且还带着这么多财物和侍从",她不愧是奥拉夫的妻子,也堪称女中豪杰。

在的危险。所以,伊瓦尔和奥拉夫只继承了索吉尔斯的军队,却搁置了他的梦想。

两人约定为同盟军,在都柏林划地而治,共享王权。奥拉夫继续在爱尔兰岛打家劫舍,而伊瓦尔却把目光转移到了英格兰,他不仅要为父亲报仇,还要寻找新的财宝来源。

维京人对英格兰的战略转型

不被待见的幸运

本书的开篇,就是以维京海盗袭击英格兰的修道院开始的,但为什么这么多年,维京人对英格兰的袭击只是零星几起,并没有像对法兰克王国和爱尔兰岛这样大举进攻呢?英格兰为什么这么多年不被维京人待见呢?

自公元793年之后,英格兰边境并不太平,维京海盗总是会光顾此处,但都是零星几个海盗的抢劫,并没有大规模的洗劫行为,虽然他们的行为也是颇令人发指。

比如在公元825年,艾奥纳岛上的修士听闻有掠夺者登陆,大部分的居民便带着圣科伦巴的遗骸及其他易于携带的珍宝逃离了此地。只有修道院的院长和少许修

> ❀ 盎格鲁-撒克逊人来自欧洲北部,他们来到英格兰是为了寻找更好的生活,用当代语言来说,也就是"经济移民"。他们由多种民族组成,比如盎格鲁人、撒克逊人、朱特人等。

> ❀ 盎格鲁-撒克逊人最早跟北欧人一样,信仰诸神之王奥丁,到了6世纪后期,教皇格里高利开始关注这里,派出圣奥古斯丁带着传教士前往英伦教化他们,于是基督教在盎格鲁-撒克逊时代传遍英国。

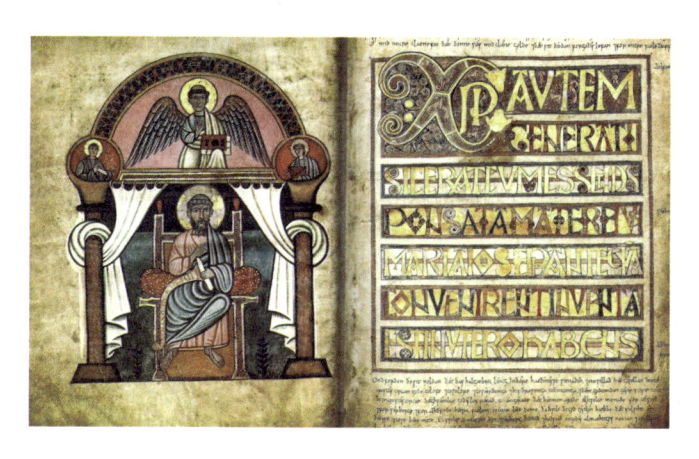

❋ [《Codex Aureus》封面]
这是一本福音书，收录了8世纪英国的历史，维京人将其掠走了，后来经过阿尔弗雷德大帝和夫人韦尔伯的努力才将其又买了回去。

士留了下来，负责看守修道院。几天后，维京海盗袭来，闯进修道院后，并没有发现财宝，于是他们就把所有的修士杀掉，只留下院长一个活口，逼问院长把宝物都藏在了何处。院长宁死也不愿泄露这个秘密，维京人便砍去他的四肢，任其在祭坛的台阶上自生自灭。

虽然这样的暴行确实不少，但是维京人在英格兰所

❋ 不列颠岛在维京人入侵之前并未形成统一的国家，自公元9世纪中叶起，来自挪威和丹麦的维京人开始靠近这里。最先开始入侵不列颠岛的并不是丹麦维京人，而是生存条件更恶劣的挪威维京人。不过真正在英国乃至欧洲干出一番事业的，还是后来耐不住寂寞的丹麦人。

第 5 章 维京人西去入侵不列颠群岛

❋ [中世纪不列颠岛上的情况]

海洋与文明　北欧海盗征服欧洲　｜　91

作的恶，远不及其在爱尔兰岛和法兰克王国的多。究其原因，可能是英格兰在政治上更具组织性。因为不列颠岛上的政治高度集权化，能够在维京人大举入侵时，短时间内集结军队，对海盗起到威慑作用。可随着时间的推移，加上维京人队伍的不断扩大，对陆作战经验的不断丰富，英格兰人的这种威慑力也变得越来越弱。

对英格兰的战略：将谢佩岛作为向英格兰军事进攻和政治渗透的基地

维京人从9世纪30年代起，加强了对英格兰的进攻。比如，在英格兰肯特海岸附近的维京人先是用10年的时间攻占了谢佩岛，又在接下来的15年中把此地作为向英格兰军事进攻和政治渗透的基地。

当年谢佩岛上的康沃尔人起兵反抗不列颠岛上的威塞克斯王国的统治时，维京人曾向他们施以援助。威塞克斯王国的军队在进攻谢佩岛时，很快就被打得溃不成军，不过康沃尔人引狼入室，维京人帮助他们打跑了威塞克斯王国后却留了下来，将谢佩岛作为军事基地。

[进攻英格兰边境的维京海盗 – 插画]

[盎格鲁 – 撒克逊人制作的金器]

季节性的侵略转为彻底征服，维京人袭击了不列颠岛上较小的王国

到了公元 850 年，维京人突然改变了原来的抢劫习惯，从季节性的侵略转为彻底征服。当年秋天，本来应该回家的他们却攻占了肯特海岸附近的塞尼特岛，并在那里度过了冬季。

威塞克斯国王埃塞尔沃夫看到泰晤士河口停泊着多达 350 艘维京长船后，深感不妙。于是，他派自己的儿子阿尔弗雷德赶赴罗马，祈求教皇的援助。

就在威塞克斯王国人担惊受怕的时候，维京人却没有袭击威塞克斯王国，而是突然转向，袭击了不列颠岛上较小的麦西亚王国，麦西亚王国虽然与威塞克斯王国一样，同为不列颠岛上的手足，但毕竟不是自己挨打，所以对于威塞克斯王国来说，这显然是非常幸运的。

可是在不久之后，随着"无骨者"伊瓦尔的到来，威塞克斯王国的幸运就到头了。

🌸 伊瓦尔的到来，不列颠岛的灾难开始

公元 865 年，伊瓦尔带着他的两个兄弟哈夫丹、乌比，还联合了挪威维京海盗奥拉夫，组建了有史以来最大规模的海盗军队，发起对英格兰的讨伐。

伊瓦尔的海盗军队招募自挪威的峡湾地区、弗里西亚群岛、波罗的海西部及丹麦等地。

❦ [北英格兰的保护神－圣卡斯伯特]

圣卡斯伯特（635-687 年）是中世纪英格兰最重要的圣徒之一，北英格兰的保护神，曾一度在圣岛上的林第斯法恩修道院（就是本书开篇被维京人袭击的那所）任主教，后在离圣岛不远的另一座小岛上隐居。

❦ 8 世纪末，随着北欧海盗入侵，圣岛居民顺着退潮之路逃往英国本土，没有忘记带上圣卡斯伯特的棺柩。最后这些圣物被安置在多伦。11 世纪诺曼人建造多伦大教堂后，将这些圣物供奉起来。

❦ 公元 1104 年，放置在圣卡斯伯特灵柩中的福音书被取出，被保存得完好无损并且色泽艳丽，它就是著名的《圣卡斯伯特福音书》。如今它被收藏于大英博物馆内。

[奥拉夫的舰队－西班牙油画]

斯堪的纳维亚人比其他民族更擅长驾船。维京人的船被世界各国羡慕和模仿,也成为艺术家想象的对象。

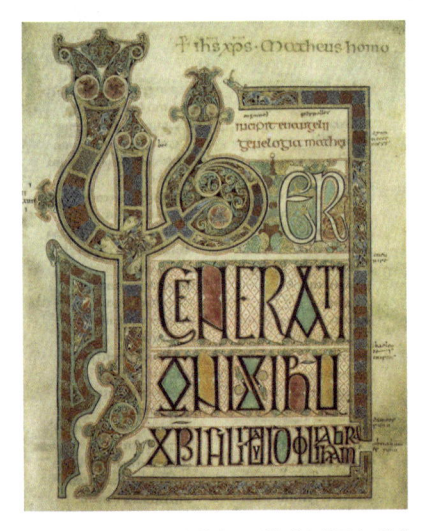

[制作精美的盎格鲁－撒克逊福音书]

英国历史上的盎格鲁－撒克逊时代,指的是公元 410—1066 年,从罗马帝国的退出到诺曼人的征服,后人往往将这个时期称为中世纪的"黑暗时期"(Dark Age),这个时期的文化、艺术都有了非常好的发展。

维京人为了追求财富和获得土地而加入伊瓦尔的军队

与之前的游兵散勇不同,这支军队不仅仅是海盗团伙的简单聚合,而是由唯一首领伊瓦尔统一指挥,而且他们能够根据地形或者战争的需要,随时做出调整部署。

伊瓦尔不断分析研究,尝试改变过去的错误和更新进攻英格兰的计划。

在进攻不列颠岛之前,伊瓦尔对维京海盗之前抢劫时所出现过的种种情况进行了总结,并对当时不列颠岛上的时事进行了分析,对比

> 伴随着维京人的入侵,也给当地人带来许多维京人的词汇,比如法语的"hauban"(代表桅的侧支索)一词,与古斯堪的纳维亚语中的"hofudhbenda"接近;"bitte"(代表缆柱)与"beitass"接近;不仅法语,就连英语、爱尔兰语中的航海词汇中都有许多相似词汇。

> 诺森布里亚王国位于不列颠岛北部,自 7 世纪晚期至 8 世纪时期,诺森布里亚王国在政治上长期处于倾轧、争吵、不和之中,不过该王国的教会、艺术、学术、文学却处于一个黄金时代。

[北欧维京人关于船的石刻]

了英格兰各势力的军力，进而判断出维京军队能够在战场上与英格兰的军队抗衡，并最终取得战争的胜利。这意味着大量的财富等着他们前去掠夺。

伊瓦尔打算在英格兰的土地上建立自己的领地，成为能与斯堪的纳维亚半岛上的领主平起平坐的国王。有了这样的目标，就不能简单地认为他们的进攻目的是海盗行为，似乎从此时起，维京人的进攻叫"侵略"更为准确一些。

不列颠岛进攻第一站：诺森布里亚王国

这支维京军队沿着不列颠岛南部的海岸航行，他们没有遭遇到丝毫抵抗便成功登陆英格兰的东盎格利亚。当地居民筹集了大笔"保护费"交给他们，希望这些海盗们能够不进攻自己。伊瓦尔接受了这笔赎金。他拿着英格兰历史上的首笔赎金，奔向了自己为父报仇的第一站——诺森布里亚王国。

伊瓦尔之所以选择这里，传说是因为诺森布里亚的国王埃拉害死了他的父亲拉格纳，无论为父报仇是真是假，当这些海盗来到诺森

[约克古城墙]

第 5 章 维京人西去入侵不列颠群岛

海洋与文明 北欧海盗征服欧洲 | 95

[罗马大道]

罗马大道是古罗马的重要基础设施，从公元前 500 年开始建设，并随罗马共和国及罗马帝国版图的扩大而延伸。它为罗马军队、官员及平民带来便捷的交通路径，更促进了陆上通信及贸易的发展。

布里亚王国的首都约克城时，他们发现这座城市周围有着肥沃的农田，地理位置绝佳（约克城位于都柏林与欧洲西北海岸的中间地带），不仅如此，陆地上还有保存完好的罗马大道。如果维京人占领了约克城，就可以直接与许多贸易中心连接起来，不再需要走苏格兰北部长达 600 英里的海上通道了。如此绝佳的大本营，伊瓦尔绝对不会放弃，于是他发起了对约克城的进攻。

轻易接管了约克城

公元 866 年 11 月 1 日，维京大军兵临约克城下，看着固若金汤的城墙，想要攻下这座城池显然不那么轻松。不过攻城战刚开始，维京人就发现这座城池实际上是只纸老虎，与其说是攻城，不如直接说是他们接管了这座坚固的城池。

维京军队进入城池后才搞清楚，原来埃拉听说维京人来势汹汹后，直接吓呆了，在维京军队到达之前就先撤出了约克城，去其他地方搬救兵去了。

❄ 罗马大道主要由石头铺成，部分混入金属材料。道路由弧形的石头组成，这些石头高于路面的行人道以方便排水，而道路两旁除有行人道外，还有马道和排水沟渠。在罗马最鼎盛的时期，有超过 29 条大型军事公路，连接了罗马帝国内 113 个省份的 372 条大道，总长超过 40 万千米。

[维京人袭击林第斯法恩修道院]

英格兰军大败

伊瓦尔占领约克城4个半月后,埃拉才带着救兵赶到,显然想再夺回约克城已经没有可能了。

埃拉搬来的救兵里有包括他在内的两位国王,面对既无法夺回约克城,又不能轻易撤退的局面,他们硬着头皮向约克城发起了进攻。

伊瓦尔并没有出城主动迎战,而是故意放松防守城墙的其中一段,将他们引入城内。当英格兰军进入约克城后,这才发现进入了维京人的陷阱,许多维京士兵正手拿长剑和盾等着他们,维京海盗给英格兰军准备了一个迷宫般的战场……此战英格兰军大败,一个国王战死,埃拉则被活捉。据说伊瓦尔用残忍的"血鹰"之刑处决了埃拉。这次战斗首次展示了伊瓦尔的聪明才智。

伊瓦尔要的不仅仅是约克城,他扶持了傀儡皇帝

伊瓦尔虽然夺下了约克城,但他并不满足,他要的不仅仅是一个约克城,而是诺森布里亚王国更多的领地。于是他开始对诺森布里亚王国的属地进行统治,为了减少当地人对维京人的抵触情绪,伊瓦尔扶持了当地人埃格伯特做了国王。

[处死诺森布里亚国王埃拉－文艺复兴时的手稿]

据史书记载,公元867年,伊瓦尔将诺森布里亚国王埃拉处死,维京人将他的双肺从背部揪出来,拉成血色苍鹰的形状。

约克城沦陷后成为北欧海盗的一处贸易站,被称为"约维克"。

[维京人武器之战斧]

很多文学、艺术作品中描述的维京人的战斧巨大无比,如同巨人使用的武器。而事实上作为海盗和优秀的战士,维京人的斧头轻便平衡,挥砍速度快,而且招数极为阴险致命。

※ [历史资料中使用战斧的维京人]

维京战斧的设计有很多种，早期战斧的斧刃在 7～15 厘米之间，而后期维京战斧的斧刃越来越宽，新月形的宽斧斧刃长 22～45 厘米。其制造工艺也更加精湛，有些战斧由含碳量较高而硬的铁打造斧刃，然后与含碳较低的铁斧身熔焊在一起。

尽管埃格伯特是国王，但他实际上只是替维京人收税的奴仆。当地人只要抵抗，或者不交纳赋税，国王埃格伯特就会令他失去所有的土地和财产。

在傀儡国王埃格伯特的大力支持下，诺森布里亚王国反对维京人的运动平息了，不列颠岛北部平静了下来。

伊瓦尔腾出手来了，不列颠岛上的其他国家又要开始遭殃了。

🌱 不列颠岛进攻第二站：麦西亚王国

伊瓦尔选中了麦西亚王国作为进攻的第二站，麦西亚王国和威塞克斯王国既是姻亲，又是联盟。于是麦西亚国王伯格雷德向威塞克斯王国求援。威塞克斯国王埃塞尔雷德也深感唇亡齿寒，于是和弟弟阿尔弗雷德一起率军援助麦西亚王国。

伊瓦尔的军队攻陷了麦西亚王国的诺丁汉城（如今位于英格兰东米德兰兹区）。与之前在约克城一样，伊

※ [短柄斧的好处——隐蔽性]

短柄斧有一个好处是隐蔽性。可以将短柄斧隐藏在盾牌后面（从图中斧头和盾牌的大小比例，可以发现，斧头可以轻松地隐藏在盾牌后面），然后从盾牌后面拿出短柄斧，劈断对手的长矛，砍下敌人的首级。

除了隐藏在盾牌后面，短柄斧还可以隐藏在身体的各个部位，反正就是能出其不意地砍倒敌人。

※ 有些人认为斧头不是一种平衡的武器，相比剑而言更难掌控。事实上并不尽然，这完全取决于制造的工艺。维京短柄斧重量低于 1 千克，比很多北欧的剑更轻快，十分平衡且易于操纵，而且还可以将杀伤力聚集在一点，能更容易地破开头盔和锁子甲的防护。

98 | 海洋与文明 北欧海盗征服欧洲

瓦尔进入城池后，加固了诺丁汉的城墙，把它作为自己的新领地。当年的冬天，海盗军队就在这里度过。

英格兰人分析的战略优势

诺丁汉城失陷后，麦西亚王国和威塞克斯王国组成了一支联军，共同抵抗维京人的进攻。

第二年春天，英格兰联军朝着维京人占领的诺丁汉城进发，试图速战速决，对于英格兰人而言，这是击败维京人的最佳时机。他们认为有这样几个有利的条件：

首先，英格兰联军在人数上远超伊瓦尔的维京军队。

其次，英格兰军队的作战动机是守卫自己的家园，而维京人则是为了掠夺财富而战，只有活着才能享受财富。所以英格兰人认为，如果维京海盗无法战胜对手，他们会在第一时间逃走，甚至不会做出任何象征性的抵抗。

再次，在英格兰人看来，伊瓦尔离开了自己的船只，驻守诺丁汉城，也就等于失去了和海盗船的联系，切断了呼唤援军或者与其他海盗团伙取得联系的可能。伊瓦尔的军队无法得到增援，每伤亡一名维京战士，都会严重削弱其持续作战的能力。

伊瓦尔对战争的分析

就当时的局面来看，维京海盗确实存在上述问题，此战正是考验伊瓦尔指挥能力的生死考题。

首先，如果伊瓦尔主动出击，风险是显而易见的，他的军队在数量上不占优势，但是毫无疑问，其战斗力要远高于英格兰联军。可是不能忽视的是即便大获全胜，也无法避免伤亡。

[《维京传奇》剧照－剧中的短柄斧]

[利用长柄斧攀爬的维京人]

斧头钩形的结构可以用于多种战术中，可以勾住对手的身体部分，比如脖子。短柄斧同时也可以作为投掷兵器使用。长柄斧则可以用来攀爬高墙。

[《维京传奇》剧照 – 维京战士手里的长柄斧]

维京人的长柄斧与短柄斧的造型基本一样，只是手柄处更长，到了维京人的巅峰时期，维京人骑马作战之际，长柄斧发挥了其灵活多变的特点，使用得更多。

值得一提的是，虽然很多文学作品和影视剧中出现拿着双刃斧的维京人，但事实上目前并无考古证据证明维京人制造或使用过双刃斧。事实上，双刃斧属于奇形兵器，制作工艺更复杂，杀人效率也不比单刃高。

除了战斧之外，在维京人的作战战术里，特有的"维京盾墙"在攻防两面都颇具特点，并且对于维京人来说，一面盾要比任何武器都要管用。

其次，如果伊瓦尔躲在城墙之内，他要面临后续补给的问题。"兵马未动，粮草先行"，维持一支千人的军队，伊瓦尔每天至少需要2吨面粉、1000加仑的淡水。坐骑的补给就更加困难了。

伊瓦尔有从英格兰人那里征用的500匹战马，每匹战马每天至少需要吃掉12磅（1磅=0.454千克）谷子和13磅甘草，加起来每天需要消耗近6吨的粮草。如果马匹的活动范围被限制在营地之内，还会产生严重的卫生问题。马匹虽然吃得很多，但是消化吸收得很少。如果饲养得当，伊瓦尔的马匹每天至少会产生280加仑的尿和1吨粪便。

如此分析之下，困难重重。不过，伊瓦尔仍然选择驻守城内。因为伊瓦尔认为，自己有补给的困难，对方也有。而且由于英格兰联军人数更多，因此会更早出现补给上的困难。此外，盎格鲁－撒克逊的英格兰联军由农民组成，他们只是在军队短期服役，无法长期离开他们的土地。如果伊瓦尔的物资能够为他赢得足够长的时间，英格兰联军最终将会主动撤退。

事实证明伊瓦尔的判断是正确的

双方的战斗打响了，维京人紧闭城门，英格兰联军连连攻击，双方僵持了几个月，英格兰联军中的威塞克斯王国的士兵要回去收割庄稼了，并且随着时间的推移，越来越多的联军士兵开始起程回家。

最后只剩下麦西亚王国的军队还在与伊瓦尔手下的维京人作战，但是军队中弥漫着消极怠战的情绪，士气低落。其实被围困在城内的维京人的士气也差不多。

这时候，伊瓦尔狡猾地向麦西亚国王提出了停战协议，麦西亚国王爽快地答应了。

双方就停战的约定内容不得而知，根据以往维京海盗的习惯，他们不可能空手而归，极有可能是英格兰人向他们支付了高额的"保护费"；也可能是麦西亚国王与之前的诺森布里亚国王一样，需要向维京人支付贡金。

战争的结果表明伊瓦尔的判断是正确的，这让伊瓦尔卓越的军事才能得到彰显，特别是在调配补给方面，他要比笨拙的盎格鲁－撒克逊王国联军优秀太多了。

伊瓦尔把驻守诺丁汉城的任务，交给了他的弟弟乌比，自己返回了约克城，继续盘算着他的侵略计划。

❧ [《维京传奇》剧照－维京战士手里的盾牌]

维京盾牌都是由很厚的橡木板拼接而成，再用环形的金属或者兽皮包边，使得盾牌异常坚硬。在《维京传奇》中，盾牌在战斗中有重要作用。

这样巨大的面积，再加上皮质包边以及中间的金属攻击点，想必这个重量不轻。

从剧照中可见维京女人也绝对属于"彪悍"那一类的。

❧ 随着维京纹章符号盾牌的消失，维京人开始将盾牌涂上特殊的颜色，一面是红色，另一面则是白色。红色盾牌通常是战争的标志，而一面被高举的白色盾牌则被用作求和的标志。

[维京盾牌]

维京盾牌的典型尺寸是直径 32～36 英寸,也就是 81～91 厘米,也有个别大到了 37 英寸(约 94 厘米),最小的盾牌直径有 70 厘米的。这样巨大的盾牌自然可以为战斗中的维京战士提供足够的防护面积。

不列颠岛进攻第三站:东盎格利亚王国

公元 869 年,伊瓦尔又欲进行其下一步的侵略计划。

如今的不列颠岛上,诺森布里亚被征服,麦西亚王国遭到严重破坏,剩下的两个主权独立的王国分别是威塞克斯和东盎格利亚,它们如同肥腻的牛排在伊瓦尔嘴边晃悠,就等他挑选了。既然是吃肉,肯定要先挑油水足的下手。于是东盎格利亚王国成了伊瓦尔的下一个进攻目标,这是因为在伊瓦尔的眼中:首先,与威塞克斯王国相比,东盎格利亚王国更加富裕;其次,如果

[《维京传奇》中的战斗场面 - 士兵使用的矛枪]

[使用矛枪战斗的维京人 –16 世纪木版画]

矛枪是维京战士常用的作战兵器。虽说没有斧头那么普遍，但由于制造简便，也成为常用武器。

第 5 章 维京人西去入侵不列颠群岛

能够控制这里的海岸，便能在北海海域为维京船只提供庇护。

再次，东盎格利亚王国境内的河流，尤其是泰晤士河，连接着内河航运系统，通过它可以直通英格兰的中心地带。于是，东盎格利亚王国凭借着这样的"优势"，成了伊瓦尔大军进攻不列颠岛的第三站。

伊瓦尔兄弟二人率水陆两路大军直逼东盎格利亚王国的首府

伊瓦尔的进攻计划是这样的：将维京军队一分为二，然后分别出发，一路走，一路抢，最后两支队伍在东盎格利亚的首府塞特福德城会师，迫使国王交出王位，占领整个东盎格利亚王国。

说干就干，伊瓦尔特意唤来驻守在麦西亚王国的弟弟乌比，让他率领其中一支维京军队从约克城出发走陆路，沿着罗马大道南下；而伊瓦尔则从海路沿途掠夺。最终，伊瓦尔先他弟弟一步，来到了东盎格利亚王国的首府塞特福德城。

[维京人使用过的枪头]

海洋与文明 北欧海盗征服欧洲 | 103

❖ 维京矛枪的枪头是由一块纯铁做成的，形状一般为阔叶状，顶为尖状（为了刺得更深），并将其安装在一根木质矛杆上（通常为白蜡木）。总长度3.2～6.5英尺（1～2米），矛头的长度则有3～18英寸（7.6～45.7厘米）不等。而其中一些矛头带有侧翼（可称为倒钩矛枪），这种矛枪杀伤力更大，而且也可以在防御中有效使用：翼状突出可格挡剑击，也可以防止敌人的剑刃顺着矛头下滑伤及矛枪使用者的手部。

劝降东盎格利亚国王埃德蒙未果

伊瓦尔和他的弟弟乌比一路掠夺，东盎格利亚王国国王埃德蒙早就获知了消息，发出了军队召集令，但是他的军队还没来得及抵达塞特福德城。伊瓦尔率领的海军舰队便已兵临城下。

埃德蒙带领护卫队出城拦截维京人，结果被打败，逃回塞特福德城后紧闭城门，坐等援军。

伊瓦尔有了前几场战役的经验，想要不战而屈人之兵，于是便派出了一位使臣，要求埃德蒙交纳一笔数额庞大的贡金，并且埃德蒙必须成为维京人在此地的代理国王（傀儡国王）。

埃德蒙非常有骨气，他拒绝了伊瓦尔的要求，宣称除非伊瓦尔成为基督徒，否则他绝不会屈服。

埃德蒙被杀

埃德蒙将希望寄托在援军身上，但是援军听说国王被围困后便自行撤退了。埃德蒙见没有援军到来，只能和伊瓦尔开战，但是仅靠国王的护卫队，根本不堪一击。

伊瓦尔抓住了埃德蒙，并将其绑在椅子上，狠狠地羞辱他，这位虔诚的基督教国王依旧不屈服，他祷告着，求上帝降罪于这些维京野蛮人。

埃德蒙的举动惹怒了伊瓦尔，于是他下令将埃德蒙绑在

❖ [被抓住的国王埃德蒙]
丹麦维京人摧毁了东盎格利亚王国境内的修道院，抓住了国王埃德蒙，希望他臣服。

树上，让士兵朝他射箭，且不许射死他，直到埃德蒙全身插满箭矢，犹如刺猬般，伊瓦尔才大发慈悲，下令将其斩首。

埃德蒙被杀，其弟弟埃德沃德虽然是合法的王位继承人，但他没有他哥哥那样的骨气，在维京人找到他之前就先一步逃走了，东盎格利亚的王室血脉算是终结了。于是伊瓦尔寻找了一位愿意做傀儡国王的人登上了王位，至此，伊瓦尔掌控了东盎格利亚王国。

伊瓦尔生命中最后的辉煌

东盎格利亚王国被伊瓦尔掌控后，英格兰的四大王国就只剩下威塞克斯了。

伊瓦尔计划吃下这最后的一块肥肉。不过就在这时，他收到了爱尔兰岛上的同盟军"白色"奥拉夫的求助："一起出兵攻打苏格兰岛上的斯特拉思克莱德王国的敦巴顿城堡"，伊瓦尔同意了他的请求，出兵敦巴顿城堡。他让弟弟哈夫丹留下来掌管异教徒大军，自己则带着维京大军返回了诺森布里亚。威塞克斯王国暂时安全了。

敦巴顿城堡：击退过多次想要占领这里的人

敦巴顿城堡是斯特拉思克莱德王

[被射死的国王埃德蒙]

据说伊瓦尔对埃德蒙非常厌恶，曾要求手下在不射死他的情况下，尽可能多的朝他射箭，也就是说，埃德蒙在全身插满箭矢的时候，还是活着的，最后才被砍头死去。

东盎格利亚王国于5世纪末建立，由于该国大块领土都处于沼泽之中，使得它处于一个比较有利的防御位置，经过1个世纪的发展，在6世纪末成为盎格鲁-撒克逊诸王国中的一个强国。

❈ [被砍头后的埃德蒙国王]

这又是一个传说了。埃德蒙被斩首之后,头颅被扔进了附近的森林中,那里有野兽出没,埃德蒙的头颅被一头狼叼走,这头狼颇有灵性,将国王的头颅埋葬了。

国的首府。这个国家是当地一个古老的王国,领土覆盖今天苏格兰西南部和北部的大部分地区。敦巴顿城堡位于一块巨岩之上,在过去的岁月里,它曾经无数次击退了想要占领这里的人。它如何做到的呢?

原来敦巴顿城堡毗邻海洋,补给运输很不方便,所以想要攻占这里的军队,只能用闪电战将其攻克,否则补给和淡水肯定会出现问题。

敦巴顿城堡内却有一口淡水井,凭借这口井,守城的士兵只要拖住敌人,让进攻者自己消耗掉淡水,那么城堡的危险自然就会解除。当维京人来攻打时,敦巴顿城堡的守军也是这样对付他们的。

❈ 斯特拉思克莱德王国是一个中世纪早期由凯尔特人建立的王国。

攻克敦巴顿城堡后大肆抢掠、屠杀,整座城堡被洗劫一空

伊瓦尔带领大军从海路出发,奥拉夫则走陆路,两支维京大军会师于敦巴顿城堡。敦巴顿城堡的守军以为靠城内的淡水井,可以再一次击退来犯的维京人,结果天公不作美,夏日干燥,加上连日小潮,使得水平面下降,导致城堡内的淡水供给不足,淡水井很快就干枯了。

维京人在老天的帮助下,艰苦地围困了敦巴顿城堡 4 个月,口渴难耐的敦巴顿城堡守军便投降了(另一种说法是维京人不知道用什么办法抽干了城堡内的井水,本书不做考证了,反正就是维京人攻入了敦巴顿城堡)。

❈ [敦巴顿城堡]
敦巴顿城堡不仅拦住了维京人,也收藏了苏格兰起义领袖威廉·华莱士的武器——双手阔剑。

维京人进城之后大肆抢掠、屠杀,整座城堡被洗劫一空。维京人此次掠夺的财宝,足够装满 200 艘船只。幸存下来的敦巴顿人,被维京海盗押运到爱尔兰岛的

第 5 章 维京人西去入侵不列颠群岛

❋ [《维京传奇》剧照－头部的锁子甲]

锁子甲是一种在维京人中普及但使用面积不大的防御装备，如图中围绕脖子部分的结构，这种头盔是维京人常用的装备。由于制作锁子甲耗时、耗材，所以也仅在身体的要害部位才会使用，比如脖子，既要保证其安全性，也要保证其灵活性。

❋ 相比盾牌，锁子甲的优良性不言而喻，但是制作这个东西太麻烦了，而且也需要冶炼大量的铁，所以维京时代早期一般只在极重要的人身上才会穿戴。

❋ 锁子甲的优点有三个方面：第一是轻，甚至比一些现代防弹衣还要轻。第二是柔，穿着锁子甲的战士要比穿板甲的战士敏捷得多。第三，一旦出现损坏，方便修补，残缺锁子甲可以快速拼接成一件完整牢固的锁子甲，再次装备部队。

❋ [维京早期石刻]

维京人的石刻艺术从 5 世纪就开始发展，该石刻反映的是维京早期对瓦尔哈拉神话世界的记述。此图案刻画细腻，船和武器都雕刻得很精细。

都柏林，作为奴隶被贩卖到西班牙的阿拉伯人的奴隶市场。

进攻敦巴顿城堡大获全胜之后，伊瓦尔要继续他在不列颠岛上未完成的事业。当时他在欧洲已经非常有名气了。公元 871 年，伊瓦尔获得了"全爱尔兰与不列颠境内的斯堪的纳维亚人之王"的称号，对于这个头衔，他的盟友奥拉夫没有表示出任何异议，显然，伊瓦尔也征服了奥拉夫。

❉ 如今的敦巴顿有始建于5世纪、连维多利亚女王和伊丽莎白二世都来过的敦巴顿城堡。除此之外，此地还是攀登者的天堂，这里有两块巨大岩石，被誉为英国传统攀岩核心区的敦巴顿岩石，已经被攀登者研究出了无数路线，即使你无法鼓起勇气去挑战那些标志性的"死亡路线"——比如 Requiem 或 Dave Macleod's Rhapsody——这里还有不少路线可以让你过足攀登瘾。

❉ [《维京传奇》剧照－身上穿的锁子甲]

❉ [锁子甲局部－封闭圆环]

❉ [锁子甲局部－开放圆环]

❉ 组成维京锁子甲的最小单位是圆环。圆环分为封闭圆环和开放圆环。封闭圆环采用冲孔的方式加工而成，开放圆环则由铁线环绕制成。开放圆环的接口怎样处理决定了一件维京锁子甲的坚韧程度，注重产品设计细节的维京工匠选择了铆接的方式来固定开放圆环的接口。虽然花费人工，但是大大地提高了维京战士在战斗中的安全。

❉ 锁子甲的缺点也显而易见，锁子甲可以很好地抵御刀剑的切割攻击，却不能很好地抵御重武器的攻击。因此，维京战士通常会在锁子甲之下穿着一件羊毛材料、较厚的内衬上衣，用来缓冲力量伤害。

海洋与文明　北欧海盗征服欧洲

不列颠岛终点站：威塞克斯王国

> 经过前3代国王的努力，曾经不值一提的威塞克斯逐渐成长为强大的王国，之后由于过于强势遭到其他几个国家组成联盟抵抗，于是很快就被打得偃旗息鼓。

威塞克斯王国是中世纪早期英格兰地区七王国之一。据传第一位国王是塞狄克。他在公元514年左右征服泰晤士河上游地区，5年后登上王位，此时的国王是埃塞尔雷德。他的父亲是埃塞尔伯特，于公元865年去世，留下了4位继承人。

大儿子娶了继母后继承王位，在位没2年就死了。王位落到了老二的身上，在维京人进攻那年，老二也死了，老三埃塞尔雷德成了国王，抵抗维京大军的任务就落到了老三和老四阿尔弗雷德的身上。

威塞克斯王国国王和弟弟突袭雷丁，被维京主力打败

公元870年，被伊瓦尔留在不列颠岛的哈夫丹联合巴格塞吉，沿着麦西亚王国和威塞克斯王国边境，对威塞克斯王国正式发起进攻。

威塞克斯王国国王埃塞尔雷德和弟弟阿尔弗雷德，此时也集结了自己的军队。一直都是被动迎战的英格兰人，此次选择了主动出击，他们突袭了哈夫丹部署在雷丁城外附近的小股部队，经过短暂的小规模战斗后，维京人选择了撤退。

而威塞克斯人认为他们已经击退了维京人的大部队，于是埃塞尔雷德和阿尔弗雷德乘胜追击，准备歼灭敌人。维京人一路溃败，逃入了雷丁城。威塞克斯军队发现雷丁城外的守军并不多，大喜过望，迅速发起了

※ [威塞克斯王国重要的国王埃塞尔伯特]

埃塞尔伯特，公元860—865年在位。他的王后是巴黎王国的公主伯莎，随嫁到来的除了美丽的少女之外还有她的信仰——基督教。埃塞尔伯特曾在首都坎特伯雷接待了罗马教皇格里高利派出的传教使节圣奥古斯丁，并在圣奥古斯丁的影响下接受了洗礼。埃塞尔伯特也成为撒克逊七国中第一位接受基督教洗礼的国王。

> 埃塞尔伯特通过与伯莎的婚姻，接触了基督教并接受了洗礼，这让威塞克斯王国与欧洲大陆的各国有了较多的来往，也渐渐摆脱了撒克逊人自古相传的蒙昧与野蛮。埃塞尔伯特也成为第一个在王国元老的支持下制定成文法典的君主。

※ [游弋在英格兰沿岸的维京人]

第 5 章 维京人西去入侵不列颠群岛

进攻，就在埃塞尔雷德和阿尔弗雷德势在必得之时，从雷丁城内冲出了哈夫丹的主力部队，双方随即展开激战，最后威塞克斯王国战败。此战，维京人赢得了胜利，却没有将威塞克斯王国的军队歼灭，威塞克斯人四散奔逃，埃塞尔雷德和阿尔弗雷德都逃走了。

国王和弟弟躲进了阿宾登修道院，重新整合了军队

埃塞尔雷德和阿尔弗雷德逃走了，这对于维京人来说不能算是好消息，于是哈夫丹立刻组织自己的军队，沿泰晤士河进行搜捕。而此时的埃塞尔雷德和阿尔弗雷德躲进了泰晤士河边的阿宾登修道院，并重新整合了军队，在修士的祷告之下，他们鼓足了勇气，决定再次与维京人一较高下。

※ [威塞克斯国王埃塞尔雷德]

海洋与文明　北欧海盗征服欧洲 | 111

❋ [英国历史中记录的维京长船]

❋ [泰晤士河边的阿宾登修道院]

英格兰人首场正面迎击维京人的大胜仗,但是伤亡人数却比维京人多

在雷丁战役之后的第4天(公元871年1月5日),双方又在罗马大道旁边的阿什当附近遭遇了。这场战争的激烈程度非比寻常。

维京人是乘胜追击,士气高涨;而威塞克斯人则视死如归,双方一接触就爆发了激烈的战斗。最终,爆发勇气的威塞克斯人将维京人逼到了一个山坡上。威塞克斯人用盾牌组成强大的防卫墙,长剑指向维京人,巴格塞吉和他的五个伯爵被杀死,看到此情此景,绝望的维京军队变得混乱不堪,士兵纷纷抱头鼠窜。

这场战争从结果来看,威塞克斯人获胜了,并且是首场正面迎击维京人的大胜仗，但是从双方的伤亡情况来看，威塞克斯人的伤亡人数远远高于维京人。

国王战死，阿尔弗雷德继位

此战之后，哈夫丹撤到了雷丁，并且派出维京海盗在附近骚扰对方，威塞克斯王国的军队也在扫荡维京人，几次交锋后，威塞克斯人并未捡到任何便宜。

不久，维京海盗古伦特率领舰队来雷丁支援同伙。这使得在雷丁的维京人数量增长了近一倍。有了如此庞大的军队，维京人再也不会缩手缩脚。

公元871年4月22日，维京海盗与威塞克斯军再次交锋，这次战争的地点在梅雷顿，维京海盗由返回英格兰的伊瓦尔指挥，此战战况惨烈，威塞克斯人大败，国王埃塞尔雷德也阵亡了，威塞克斯王国又一位国王去世，危在旦夕的威塞克斯王国的王位再次悬空，本来应该交给埃塞尔雷德年幼的儿子，但国家存亡之际，显然不会给予太多时间让幼子长大，所以王位最终传给了国王23岁的四弟阿尔弗雷德。

伊瓦尔悄然死去

伊瓦尔在战场上无可匹敌，生活中富甲天下，但却阻止不了死神的降临，公元873年，在攻占敦巴顿城堡两年后，伊瓦尔死于都柏林。伊瓦尔死后，洛德布罗克家族在爱尔兰岛和不列颠岛的统治出现了松动。奥拉夫自然而然地接管了伊瓦尔在爱尔兰岛的权力，伊瓦尔的弟弟哈夫丹和乌比则继续在不列颠岛的土地上完成伊瓦尔未能完成的事业。

❈ [阿尔弗雷德大帝的雕像]

阿尔弗雷德是英格兰盎格鲁-撒克逊时期威塞克斯王国国王，也是英国历史上第一个以"盎格鲁-撒克逊人的国王"自称且名副其实之人。他抗击了北欧维京人的进攻，使英格兰大部地区回归自己统治，因而得享大帝尊称。

❈ 阿尔弗雷德大帝同时也是英国唯一一位被授予"大王"（the Great）名号的君主，被后人尊称为"英国国父"。

海洋与文明 北欧海盗征服欧洲 | 113

阿尔弗雷德也无能为力，只能和维京人和谈

虽然之后阿尔弗雷德国王成了伟大的阿尔弗雷德大帝，但是从眼下的情形来看，他也无能为力。虽然威塞克斯人作战英勇，但始终无法阻止维京人进攻的步伐。很快，维京人掌握了战争的主动权，并且占领了威塞克斯东部，以及西半部部分领土。

无奈之下，阿尔弗雷德请求维京人和谈，这是维京人愿意看到的结果，因为他们一直在和谈中获得更多的财富。维京人在索要了一笔丰厚的赎金并要求威塞克斯王国成为维京人又一个"附属国"之后，便撤走了。

死去的哈夫丹

哈夫丹解决了威塞克斯王国之后并不轻松，因为此时丹麦海盗内部以及外部的情况令他麻烦不断。

[威塞克斯王国的国王与贵族]
威塞克斯王国的贵族们非常害怕维京人，尤其是以"猪突战术"为主的维京人，拥有绝对让人胆战的战斗力。

"猪突战术"也被称为"肉弹战术"，是冷兵器时代常用的战术之一，顾名思义便是一大群士兵什么也不顾往前冲锋。这种不管不顾的战术，加上维京人强悍的身躯，往往能有意想不到的成效。

[乘船的游牧大军——维京人]

先说外部，之前被伊瓦尔征服的麦西亚王国最近蠢蠢欲动，有点要起兵暴动的意思。

而丹麦维京人内部，由于维京海盗古伦特的加入，使得哈夫丹的地位受到威胁，让之前跟随哈夫丹的旧部颇有怨言。于是，海盗联盟瓦解，哈夫丹带走了自己的旧部，像之前的海盗前辈那样，选择一个据点，然后像国王一样开始享受生活。

维京人的劫掠、海盗行为是他们的天性，平静的日子不会过太久。不久之后，哈夫丹就率军攻入了爱尔兰岛的都柏林，与挪威海盗开战，在这场持续两年的战争中，他不仅失去了士兵的拥护，还丢掉了自己的性命。

威塞克斯王国再起战祸

哈夫丹死了，威塞克斯王国与哈夫丹的协议自然失效，这块肥肉再次沦为了维京人争夺的对象，而此时带领丹麦维京人在不列颠岛肆虐的是古伦特。

威塞克斯国王阿尔弗雷德不得不再次召集大军，以抵抗维京人的进攻。

古伦特把麾下军队分成了两支，一支小的骑兵队趁着夜晚悄悄渡过了泰晤士河，占领了韦勒姆港；与此同时，另一支舰队则沿着海岸行进。等到阿尔弗雷德意识到古伦特的进攻意图时，最佳防御时机已经错过。

阿尔弗雷德感觉到了危险，于是他只能选择和维京人和谈。对于送到手边的钱，狡猾的维京海盗古伦特不可能不要，于是他一边答应和谈，另一边继续向南掠夺。之后，他的舰队抵达了韦勒姆港，并开始沿着海岸线掠夺。与此同时，维京海盗的另一支军队也在向这里推进。

❄ [硬币上的阿尔弗雷德]

❄ [硬币上的哈夫丹]

哈夫丹和之前的维京海盗最大的区别在于他善于学习。在维京人南下之后，哈夫丹接触了这些被入侵民族先进的文明，便开始跟他们一样宣扬自己的文化。比如哈夫丹铸造发行了印着自己头像的货币。

❄ 据传哈夫丹看上了一个据点，这个地点可能是伦敦，所以他向威塞克斯国王学习铸币，以方便自己以后统治。不过还没等哈夫丹展开筹谋，他便死于海盗内战中。

第 5 章 维京人西去入侵不列颠群岛

如此庞大的维京海盗军队一旦会师，那威塞克斯王国只能任人宰割，阿尔弗雷德准备增加交纳的贡金并答应各种屈辱的条件，虽然这样做丢了点面子，但"留得青山在，不怕没柴烧"。

就在此时，古伦特大军因为海难，死伤了近4000名士兵，所以在阿尔弗雷德还没开口的时候，古伦特先提出了尽快和谈的意图。

在这种情况下的和谈，对阿尔弗雷德来说算是幸运的。

之后，威塞克斯王国维持了近5个月的和平，古伦特又来了，他一路抢掠，几乎把整个英格兰都纳入了维京人的统治之下，这也包括威塞克斯王国，当然要扫除全部的抵抗并不是那么容易。

> 到9世纪末，约克城的北部和泰晤士河一带，全部是丹麦维京人的领地，这些地方又被称为丹麦区。

> 不列颠岛上的丹麦区十分广阔，由德比、莱斯特、林肯、斯坦福和诺丁汉这5个有着坚固防御工事的城市为首，当时这些地区的官方语言是古斯堪的纳维亚语。

威塞克斯争夺战

威塞克斯王国虽然不断被维京人攻击，但由于阿尔弗雷德并不甘于屈服，他给维京人制造了许多麻烦，这也惹怒了维京人，双方的冲突越来越频繁。

爱丁顿之战，英格兰人以少胜多，此后维京人便在丹麦区活动

公元878年的复活节这天，阿尔弗雷德集结了3个郡的军队，挥师北上，挺进爱丁顿。其治下只有4000人的军队，比维京军队少许多。

当古伦特获知阿尔弗雷德率领4000人来进攻时，顿时觉得可笑，根本没有把这支军队

[阿尔弗雷德和面包]
被迫逃离家乡的阿尔弗雷德一直在思索着对敌之策，却因为过于出神而烧焦了面包。这幅图就是反映这个事件的插画。

❋ [古伦特发行的钱币]

公元 879 年，古伦特带着他的军队回到东盎格利亚，在那里他模仿阿尔弗雷德开始制造出如图所示的小型钱币。

❋ 阿尔弗雷德自公元 871 年之后，似乎掌握了与维京人对敌的窍门，一而再再而三地战胜维京人，阿尔弗雷德的威塞克斯军队甚至开始利用同样的盾墙阵型赢得了与维京步兵的正面对决。

第 5 章　维京人西去入侵不列颠群岛

❋ [维京人与盎格鲁-撒克逊人的战斗]

放在眼里，但这并不妨碍英格兰人和维京人决战的信心。英格兰军经过苦战突破了维京人的层层防线，包围了爱丁顿。

古伦特由于轻敌而被英格兰人围困，他一边发出救援信号，另一边向阿尔弗雷德提出和谈。

阿尔弗雷德虽然围困了爱丁顿，但是带来的 4000 人已经失去了近一半，一旦维京人的援军抵达，英格兰人必败。于是他答应了古伦特提出的和谈。双方签订了协议：

首先，阿尔弗雷德承认维京人在不列颠岛上对其他

❋ 公元 878 年的爱丁顿之战，让威塞克斯军队士气大振，更加坚决实施坚壁清野战术，在之后又一次沉重地打击了维京人的心理。爱丁顿之战也标志着阿尔弗雷德的军事指挥能力趋向成熟。

❋ 据记载，自爱丁顿之战后，维京人没有再对威塞克斯领土发起过大规模进攻。

海洋与文明　北欧海盗征服欧洲 | 117

[受降的阿尔弗雷德]

※ 大部分维京战士似乎都有头盔,大多是圆锥形盔,护鼻则或有或无,但一些在眉脊处镶以铜与银的装饰。在战场上,其前面往往有"战斗标志",推测应是辨明身份的标志或记号。

※ 由于爱丁顿的大败,古伦特明白,他的失败不是轻敌,也不是因为兵力不足,而是因为阿尔弗雷德从未放弃驱逐维京人,这种信念给予了英国士兵冲锋陷阵的勇气。

三个王国的统治,另外,威塞克斯王国需向维京人继续交纳贡金,但是古伦特必须从威塞克斯王国撤军,皈依基督教,并且还要承认威塞克斯王国的主权。

之后,古伦特遵循协议,率领他30名得力的部下,来到阿塞尔纳由阿尔弗雷德受洗,皈依基督教。

另外,双方就自己的领地做了如下约定:

威塞克斯王国和已占领的麦西亚王国西部的领土归阿尔弗雷德所有;麦西亚王国东部和东盎格利亚属于维京人的势力范围,双方按各自的习惯在各自的领土生活。

古伦特的占领区被称为丹麦区,其合法地位一直保持到了12世纪末,古伦特没有像他的海盗部下那样继续抢劫,他选择了平静地度过余生,于公元890年在东盎格利亚逝世。

争夺威塞克斯

阿尔弗雷德为了提高英格兰人的战斗力,对军队内部做了大的改革,导致国内各方势力的反对。

维京海盗古伦特死后,威塞克斯王国这块大肥肉,又使得维京人蠢蠢欲动,维京人抓住了阿尔弗雷德改革军队的机会，于公元 892 年，再次出兵来到阿尔弗雷德的领地，从不同方向对威塞克斯王国展开进攻。

丹麦海盗在英格兰的侵略消耗的时间太久，此时仍然坚持在这片土地上的维京人，除了有军人，还有老人和孩子，他们希望占领相对富足的威塞克斯王国，在这里度过以后的岁月，可是阿尔弗雷德却不给他们这个机会，他指挥英格兰军队和来犯的维京人进行了持久的战斗后，双方再次和谈，阿尔弗雷德在交纳了一些贡金之后，维京人再次撤走。

两年后的公元 894 年，丹麦维京人又来了，但却被部署在泰晤士河的英军发现，英军迅速包围了他们，趁

> ❋ 阿尔弗雷德对传统的兵役制度进行了改革，将民兵划为两部分。一部分是平时务农、战时接受地方长官征召从军的普通民兵，主要用于维护当地治安和在本地区内的作战。另一部分则是战斗力更强、训练更为有素的特选民兵。这些民兵可随时被征召并进行较长时间的作战，其薪酬按日结算。

❋ [维京首领古伦特在战败后皈依基督教]

第 5 章　维京人西去入侵不列颠群岛

> 公元 880 年，阿尔弗雷德开始在各地修建堡垒，以此作为防御维京人入侵的防御重心。

> 阿尔弗雷德去世时，丹麦人几乎占据了半个英格兰王国，约克城是丹麦区内最重要的城市。约克城地处维京人建立的北部贸易走廊的西端，成了向爱尔兰及俄罗斯出口食品、金属制品等物品的主要集散中心。
> 来自东方的香料、玻璃、丝绸、银器和其他物品也从这里向北流转。

他们登岸之际，烧掉了他们的船只。这使得维京人慌乱不堪，企图再次和谈，但是这次维京人未能获得任何贡金，只能灰溜溜地撤走了，英军再次保卫了自己的家园。

英雄陨落

阿尔弗雷德于公元 899 年 10 月离世，享年 50 岁，虽然算是寿终正寝，但威塞克斯王国内丹麦区的存在，始终是他心里无法抹去的遗憾（阿尔弗雷德死后，其长子爱德华一世继续和丹麦区的维京人作战，直到公元 918 年将丹麦人彻底赶跑）。

英勇的阿尔弗雷德国王死了，英格兰就像个蜜糖，吸引着维京海盗如蚂蚁般前赴后继地扑向这里，但由于维京人北迁、兵力短缺严重，维京海盗们对英格兰的入侵始终没有大的进展。

[阿尔弗雷德的海军与维京海盗战斗的场景]
公元 896 年，阿尔弗雷德借鉴弗里西亚船和维京长船的优点制造新型战船，组建了英格兰历史上的第一支正规海军。新型长船在不久后的海战中发挥了作用，增强了威塞克斯海岸地带的防御能力。此后直至公元 899 年阿尔弗雷德逝世，维京人再也没有侵扰过威塞克斯的领土。

🌱 "独眼人"西特里克的理想

维京人未能完全占领英格兰,而爱尔兰岛又发生了新的动乱。

公元902年,爱尔兰人在至尊王的领导下,将维京人赶出了都柏林,可是胜利没有维持太久,公元914年,"无骨者"伊瓦尔的孙子"独眼人"西特里克率领大军又杀回都柏林,并且击败了至尊王的军队,再次占据了他们之前的领地。

西特里克的理想:一个对维京人来说完美的领地

西特里克并不满足于占据爱尔兰岛,而是计划把爱尔兰岛的都柏林同不列颠岛的约克城连接起来,控制这条利润丰厚的贸易通道。

西特里克的梦想是建立一个由爱尔兰、英格兰、苏格兰和威尔士的沿海地区组成的王国。维京人通过海洋认识世界,所以他希望把各个交通要道完美地连接起来。

虽然沼泽和森林阻断了都柏林与爱尔兰岛内陆的联系,而奔宁山脉则割裂了不列颠岛的北部区域,但是这些区域可以通过海洋连接起来,形成一个跨越爱尔兰海的王国,同时维京人又非常善于在海上航行,所以这是一个对维京人来说完美的领地。

🌱 [奔宁山脉]
奔宁山脉地处英格兰北部,有"英格兰的脊梁"之称。

第5章 维京人西去入侵不列颠群岛

[《维京传奇》剧照 - 维京战士武器——弓]

虽然维京人喜欢手持的武器，但在陆地与海上都很会使用弓，尤其是挪威人与瑞典人。据传连国王在战斗中都使用弓，并为射箭的准确性而自豪。

[至尊王"黑膝盖"尼尔]

西特里克粉碎爱尔兰人的反抗

爱尔兰岛上的当地人反抗维京人的战争一直没有停止过，公元916年，新上台的至尊王"黑膝盖"尼尔承担起了反抗维京人的重担。公元918年，他联合若干小国组成联军，试图将西特里克逐出都柏林，但是被打败。第二年，至尊王"黑膝盖"尼尔再次组织联军尝试将西特里克逐出都柏林，结果西特里克指挥维京大军碾碎了联军，还杀掉了好几个国王。

自此，西特里克统治下的爱尔兰岛内各国才开始安分了起来。

❊ [丹麦特雷勒堡的军营]

特雷勒堡是 10 世纪晚期或 11 世纪早期丹麦的四个军营之一。它在三侧得到河流与沼泽的保护，主要的人造防御有朝着大路方向的一条深护城河，还有一个用栅栏防护的土墙。在包围的点有四个城门，连接这些城门的道路将土墙内的地方分成四块相等的区域。每个区域包括四个主要建筑物，呈方形分布。此外，在城外还有 15 座房屋。墙内军营的直径约 136 米，土墙本身有 17.5 米厚，近 7 米高。每座兵营近 30 米长（在土墙外的稍小），中间有个大房间，每一边有个小房间。每个可容纳四五十人。军营似乎可以自给自足。附近明显有供耕种的土地，甚至还有自己的墓地（左上），似乎还有些女性住在那里。

西特里克的辉煌

西特里克镇压了爱尔兰岛的反抗势力后，开始腾出手来实现自己的理想。

首先，西特里克率领大军攻占了不列颠岛的约克城，在接下来的 6 年时间里，西特里克慢慢扩大维京人在约克城周边的统治区域。

到公元 926 年时，西特里克已经将都柏林和约克城打造成了维京海盗王国的两个中心，这个王国地跨爱尔兰海，连接爱尔兰岛和不列颠岛。

西特里克成了维京人的骄傲，

❊ [《维京传奇》剧照 – 手持战斧和短刀的维京战士]
大多数维京战士有短的小刀，插在腰带上。

第 5 章 维京人西去入侵不列颠群岛

海洋与文明 北欧海盗征服欧洲 | 123

却成了英格兰人的噩梦，不过英格兰人的这个噩梦没有维持太久，"独眼人"西特里克于公元928年逝世，他的王国也随之覆灭。

维京人内讧，英格兰趁机收复约克城

在西特克里死后的20年里，数代维京国王都试图击退时任英格兰国王埃塞尔斯坦，重新收回西特里克曾经征服的领地。

西特里克的儿子奥拉夫·西特里克逊于公元941年征服了约克城，之后他希望将整个英格兰丹麦区控制在自己手中。他赶到丹麦区的诺森布里亚，当地人立即向其投降，并宣誓效忠于他，但是当英格兰国王埃塞尔斯坦的军队到达此地时，当地人立即倒戈相向，向埃塞尔斯坦投降，并且跟随埃塞尔斯坦的军队一起追击维京人。

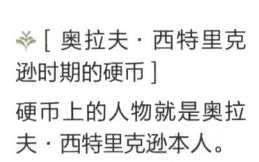

公元944年，奥拉夫·西特里克逊再次进攻英格兰丹麦区，英格兰人奋起迎战，可没想到爱尔兰人在奥拉夫·西特里克逊进攻英格兰丹麦区时，趁机占领了都柏林，奥拉夫·西特里克逊只能赶回都柏林镇压反抗的爱尔兰人，就在维京人自顾不暇、疲于应战之时，英格兰人又趁机夺回了约克城。

[奥拉夫·西特里克逊时期的硬币]
硬币上的人物就是奥拉夫·西特里克逊本人。

"血斧王"埃里克

英格兰人动作迅速地夺回了约克城。爱尔兰岛的维京人忙于镇压当地人动乱，兵力有限，无法顾及远在不列颠岛上的约克城，不过此时约克城却引起了其他维京人的注意。这其中就包括"金发王"哈拉尔德的儿子"血斧王"埃里克。

"金发王"哈拉尔德在自己晚年的时候，把管理王国的任务交给了他最钟爱的儿子"血斧王"埃里克。

但埃里克对于挪威的王公贵族没有任何好感。哈拉尔德死后，埃里克就带人闯入并占领了罗洛的家族农场。罗洛目睹了自己的哥哥被人活活砍死，他自己也遭到了流放。同许多触犯了强大领主的斯堪的纳维亚人一样，这个孩子成了职业的维京海盗，不停地在英格兰和弗里西亚的沿海地区（即今天的荷兰）进行掠夺。之后，他成长成为一个海盗王国（诺曼底公国）的国王，被世人称之为"行者罗洛"。

第6章
维京人北欧的探索路线

在外面闯荡的维京人的生活并不容易，他们是用鲜血和生命赌博，生活在斯堪的纳维亚半岛的维京人也并没比他们幸福多少。

🌱 统一的北欧本土：挪威王国

动荡不安的斯堪的纳维亚半岛

在前文中出现了许多丹麦维京首领，这是因为丹麦位于小小的海岛之上，有一个集权于一身的国王，准确地说应该是海盗王，比如索吉尔斯、伊瓦尔等。鲜有出现过挪威海盗的首领，这是因为在斯堪的纳维亚半岛上，小国比比皆是，比如早前居于挪威东南的哈夫丹统治下的王国，再如居于西南部的埃里克治下的王国等，兵力少，不可能像丹麦那样，轻易就能集结起四五千人的军队，所以他们在外面只能小打小闹地抢劫，而无法开疆拓土。

这些王国之间还摩擦不断，战火纷飞。直到动荡不安的斯堪的纳维亚半岛上迎来了它第一位真正的国王。

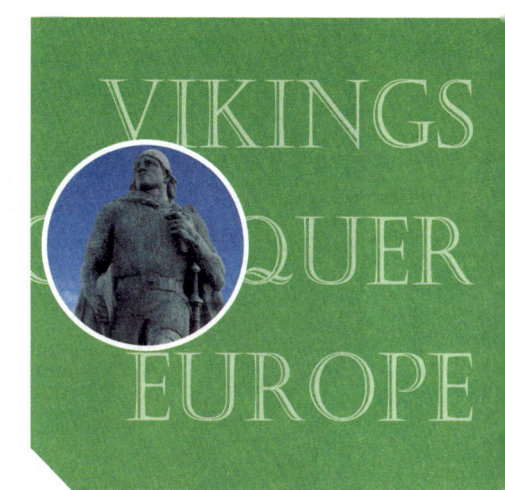

["金发王"哈拉尔德（左）接受朝见时的情况]

初登王位的哈拉尔德并无野心，但是更欣赏勇士

公元850年，"金发王"哈拉尔德出生于挪威东南部西福尔地区一个王国的王室，其祖先在挪威历史上赫赫有名。他的父亲和祖父都是挪威历史上众多小王国中的国王。其父为"黑王"哈夫丹，其祖父为"猎王"古德罗德，而他的祖母阿萨比他的祖父更有名。

这个小王国地处奥斯陆峡湾的西海岸（阿萨女王的船葬墓就是在此地发现的），拥有茂盛的绿色坡地、优良的海港及繁荣的市镇，正是由于这些得天独厚的自然条件，使得这个小王国很快变得繁荣昌盛，拥有足够的物力和财力保障。在哈夫丹统治期间，他的大部分时间都用于对周边小王国的征战、征服和扩大自己国家的疆域上。哈夫丹40岁去世时，留给他儿子哈拉尔德的已是个很富裕的小王国了。

哈拉尔德于公元860年继承王位，当时他才10岁，12岁时亲政。当上了国王的哈拉尔德，身边既有为他出谋划策的老者，也有口若悬河的文臣，以及形形色色的艺人和小丑，但是哈拉尔德更加欣赏勇士，并且身边总是有众多勇士相随。

❋ [哈拉尔德雕像 - 挪威]

❋ [维京玩偶 - 维京人的装束]

❋ 阿萨是挪威阿格迪尔国王的女儿，在阿萨嫁给"猎王"古德罗德之前，古德罗德残杀了阿萨的兄弟和父亲，然后将阿萨当作普通的妾带回挪威。当阿萨成为王后之后，为了给自己的兄弟和父亲报仇，她秘密派了一个仆人用长矛刺死了自己的丈夫，然后自称女王。

从小在宫廷中长大的哈拉尔德，在刚开始登上王位时并没有统治整个挪威的野心。这种巨大的野心和他后来的横征暴敛，是被一个名叫居达的女人引起的。

在挪威被统治之前，将不再修饰打扮，也不再修剪头发

哈拉尔德长大后，听说挪威西南海岸的霍达兰王国国王埃里克有个女儿名叫居达，长得美若天仙，于是哈拉尔德便派手下去向居达求婚。没想到，傲慢的居达竟然拒绝了哈拉尔德的求婚，她对哈拉尔德派来的手下说，她不愿意嫁给一个仅仅统治尚不及一个郡大的小王国的国王，假如哈拉尔德想要娶她，就等他统一整个挪威之时再来迎娶。

哈拉尔德听了居达的条件后，竟然宣布他完全接受居达的条件，并对她充满感激之情。正是居达的拒绝使他警醒，让他想到了一个国王的职责和统一整个挪威的重任。

哈拉尔德本是一位身材健美又爱修饰打扮的美男子，此时他竟发誓："在整个挪威被我统治之前，我将不再修饰打扮，也不再修剪我的头发。"于是成就了他在历史上的名号——"金发王"哈拉尔德。

> ❋ 维京人穿的服装包括一件羊毛或亚麻的长袖束腰外衣，可及大腿的一半或到膝盖下。里面是件质地优良的羊毛或亚麻衬衫。

> ❋ 维京人穿的裤子有各种式样：滑雪式紧身裤、像袋状从膝盖开始束在一起的，以及没有裹腿的。

> ❋ 维京人还有穿长筒裤袜的习惯，这种裤袜是以毛或皮制作的。

❋ [北欧历史中的哈拉尔德]

> ❋ 8世纪末，斯堪的纳维亚只有200万居民，从9世纪开始，人口迅速增长。

> ❋ 11世纪，在离维京人居住的海岸不远的地方开辟了一条商路。这条商路成为北欧商业往来的十字路口，在这条商路附近的维京人深受这些商路上往来的货物吸引，于是开始东征西抢。

第6章　维京人北欧的探索路线

海洋与文明　北欧海盗征服欧洲 | 127

❖ [维京船]

这是奥塞贝格墓中出土的维京船的遗迹。这条船的船舷是天鹅颈形状,高出甲板 4.8 米,船舷上半部是根据原型复制的。船长 22 米、宽 5 米,每一边各有 15 个桨孔,船上可乘坐 30 多个船员。

❖ 奥塞贝格墓中的陪葬品非常丰富,它是迄今为止最为亮眼的维京遗址。

❖ 多数维京船是在收获季结束后,在冬季建造的。维京船多是由橡木建造。在如今的斯堪的纳维亚半岛已经难觅橡木踪影了。随着橡木变少,松木、白蜡木、白桦木、桤木、椴木和柳木开始用于船的各部件。龙骨仍为橡木不变。

❖ 维京船最关键的部位就是龙骨。为了找到一根足够长、可以用作龙骨的木头,维京人会不厌其烦地寻找,直到找到合适的木头为止。

南征北战,开疆拓土

为了向傲慢的居达证明自己的实力,哈拉尔德不久之后向北方的邻国发动了一次比一次猛烈的战争。

哈拉尔德采取了海盗式的做法:凡是他的士兵经过的地方,都变成了血与火的战场,许多村庄成了荒野,邻国都称其为"海盗国王"。

征服北方之后,哈拉尔德率领着他的海盗舰队,又向西海岸大举进军。一些小国闻风丧胆,投降的投降,没投降的纷纷躲入峡湾,最后竟然只有霍达兰国王埃里克(居达的父亲)和他的几个盟国,仍在西南方顽强抵抗哈拉尔德。但很快,在哈拉尔德的猛烈攻势下,这些最后的顽敌被全部歼灭。

统一挪威：维京人开始疯狂地向外拓殖，成为令人恐惧的海盗

9世纪末，哈拉尔德统一了挪威，他的权力也达到顶峰。此时的哈拉尔德满脑子都是扩张的欲望和野心，并开始实施大规模的疯狂征服。

当然，哪里有压迫，哪里就有斗争，在他所袭击的地方，涌现出一批不甘逆来顺受的地方首领，那些地方首领为了摆脱他的控制，便带领自己的臣民向海外远航，向外拓殖，在荒无人烟的偏远之地开拓移民区，建立殖民地。在这一过程中，成千上万的挪威人向苏格兰群岛、法罗群岛和冰岛迁移。

与此同时，除了挪威，还有丹麦和瑞典也涌现出一批冒险家，他们追求那种无拘无束的生活，开始疯狂地向外拓殖，成为令人恐惧的海盗。这一过程延续了一个世纪之久。

这些令人畏惧的入侵者或拓殖者，有相当一部分是被像哈拉尔德这样的统治者从斯堪的纳维亚本土驱逐出来的。

正如挪威的编年史所言："在那个年代，所有荒芜之地都成为移民区，北欧本土卷起一场巨大的风暴，并席卷向海洋，在风暴的沿途或留下一片废墟，或带来新生。"

❖ [维京船的装饰－龙头]
远在公元1000年，维京人的造船工艺就如此精美，所以维京船不仅是日用品，它还是一件工艺品。

第6章 维京人北欧的探索路线

❖ [维京人制作的精美木雕]

北欧本土的生活

如果你认为北欧的维京人只会出去抢劫，那可就大错特错了，他们除了抢劫，做生意也是一把好手，并且不管是什么样艰苦恶劣的环境，他们都能生存，他们会农耕、会游牧，还会渔猎，懂得将有限的资源进行最有效的利用。

[奥塞贝格墓中的陪葬品]
这是一只雪橇。它是奥塞贝格墓中出土的4只雪橇之一。这种雪橇一般是在大雪覆盖地面的季节里，在仪式上使用的。

维京人认为，在斯堪的纳维亚之外的地方，他们可以随意取用东西。但是到了9世纪，随着北方越来越多的地方被国王统一，抢劫也开始被约束，否则就会被放逐。

在哈拉尔德的统治时代，维京人迅速发展成为北欧的零售商，他们横行海上，来往穿梭，致使一些港口发展成为相当富裕的商业城镇，比如海泽比、瑞典的比尔卡和西福尔的凯尔庞等。

吃

在维京人家庭中，负责做饭的是家庭的女主人，一般她们会挤奶，这些奶来自养殖的奶牛和山羊，将这些奶制成奶酪存储起来。她们会使用麦子酿酒，而且还会使用石磨将谷物碾碎，制成各种各样的饼或者面包。

穿

在男人出门打拼、赚钱养家的日子里，在家的妇女们会将大量的时间花在织布上。她们首先会纺出柔软的亚麻线，然后将其织成亚麻布，再裁剪出衬衫和裤子，维京人一般将这种衣服穿在最里层，而将保暖性能更好的羊毛织成穿在外面的短上衣、外套及披肩。这种纺织、缝补及镶边的工作为女人带来收入，并成为她们财产的组成部分。

[《维京传奇》剧照－维京女人日常服饰]

北欧的神祇与巨人

在遥远的远古时代，世界初始之时，没有海，没有河，上无天，下无地。渐渐地，北方黑暗、混沌的深渊，向南方火的土地伸出了寒冷的长臂。火的土地与北方深渊相遇，出现了海、土地和水。水汇成河流，又流回北方，却被严寒冻成冰雪，在无边的沉寂中僵死过去。

不知道多少万年过去了，南方吹来的暖风使得僵死的河流蠕动起来，冰珠化成一滴滴水，汇聚在一处，这些冰水慢慢地孕育出了生命，这就是第一个巨人依米尔。

依米尔睁开眼睛，有着巨大身躯的他在混沌世界中徘徊，感到饥肠辘辘……

又过了很久很久，温暖的水又孕育出一个新生命，这就是巨大的母牛奥德乌姆拉。从她身下流出四条牛奶河，香气四溢，淌过荒原。

于是，庞大的依米尔就以奥德乌姆拉的乳汁为食，而母牛则以舔食冰雪为生，偶然冰雪地上会有一些盐霜。

在混沌黑暗、冰天雪地的洪荒时代里，只有这样两种巨大的生灵存在着。

母牛低头舔着冰雪，它舌尖上温暖的涎液滴落在冰雪大地上，慢慢聚成了又一个生命，巨人布里就这样诞生了。

无数岁月以后，终日饱饮牛乳的依米尔变得非常强壮。依米尔在左边胳肢窝下，生下一个男人和一个女人；又在并拢的双脚中间，生下一个儿子。

布里则生了一个儿子鲍尔。鲍尔娶了依米尔的女儿为妻，生下三个神：奥丁、菲利和威。三个神一天天长大了，各自练就了非凡的本领。同时也不再满足于生活在这样一片黑暗、寒冷和混沌的世界之中了。

于是，三位神齐心协力，杀死了他们的祖先依米尔，他们切开依米尔的血管，依米尔的血变成大洋，与海水混在一处。世界之初的形态出现了：依米尔的骨骼变成高山，牙齿变成砂砾；他的脑壳变成天之苍穹，他的脑子变成了云彩，铺满天空；他浓密的眉毛，被用来筑成大地上的城池——这个城叫作"密尔嘎得"，意思是"中心之地"。

巨人的眼睛化成了一泓深不见底的大泉，源源不断地涌出甘甜清冽的泉水，滋润着浸过巨人祖先鲜血的、渐渐变得温暖起来的土地。

第 6 章　维京人北欧的探索路线

海洋与文明　北欧海盗征服欧洲 | 131

> **北欧神话中的世界**
>
> 维京人认为世界由三部分构成，中心是一棵巨大的树木，叫伊格德拉斯尔。它的根分别伸向三个地域：阿斯加尔，即众神居所；人间，即人类居住地；尼夫尔海姆，即冰冻、荒凉的死域。海洋环绕人间，而海水的深处却居住着人类和神祇的共同敌人——严霜巨人，它们在约特恩海姆四处漫游。关于这些神祇、巨人和其他幽灵的神话故事，造就了维京人勤劳、善战的性格。人们互相传说着这些令人敬畏的神话人物，他们所具有的特征是古代北欧社会最为推崇的：智慧、勇气、创造性、自立，以及适当的狡诈、贪婪、性欲和残忍。在这些训诫性故事的影响下，维京人强烈渴望在今生及来世都获得成功。
>
> 在北欧神话中，奥丁创造了土地、海洋、天空和人类，之后他为了获得更多的知识，饮用了伊格德拉斯尔根部的智慧之泉的水，因此失去了一只眼睛，换来了拥有预知未来的能力。后来他为了获得神秘符号的神力和与死者交流的魔法，曾被吊在世界之树上九天九夜，受尽折磨，终成为黑巫术的主宰。他还从巨人那里偷走创作诗歌的天赋，其被祭司称为"司乐"（或为"全能之父"），所以在征战之前，维京人会祈求奥丁给予自己勇气和能力，在战胜狂欢时，也会呼唤奥丁的名字。

住

北欧的维京人住的是庄园，推门进入以后，首先看到的是一个平坦的院落，然后有一个大大的正房。正房一般是一个长形的房间，里面没有隔间，这里一般住的人数较多（除了主人还有其他住户，一般是奴隶），而且房子里没有窗户，屋顶的排气孔可以将屋内的烟排出去，烟来自鱼油灯或者鲸油灯等照明灯，有着刺鼻的味道。晚上，房屋的主人会在屋子的一个角落装上一个"木墙"，这就是所谓的"主卧"了，而其他的住户则只能睡在地上，这还是条件较好的主人家，否则只能睡在长凳上。白天这个房间是公共空间，做饭时是厨房和饭厅；到了晚上织布时又成了织布间。

英格尔夫·阿尔纳尔松发现新领地——冰岛

"金发王"哈拉尔德统一了挪威，驱逐了许多其他部落的首领，相较于我们国家古代的"诛杀九族"，维京人的驱逐是否是轻判呢？仔细想想不难发现，相比于诛杀，驱逐可能更残忍。

众所周知，北欧处于高纬度地带，缺衣少食就不必说了，这样的环境下，把罪犯赶出人群，在冰天雪地的环境中让其自生自灭，相较于一刀毙命的刑罚，在恶劣环境下痛苦折磨而死更是残忍至极。可是如果能够在严酷的环境中存活下去，那这种人便不负英雄的美名。比如发现冰岛的英格尔夫·阿尔纳尔松。

当时，英格尔夫·阿尔纳尔松和他的义兄弟莱夫·赫劳兹马尔松卷入一场纠纷，只好出让庄园，背井离乡。他们先到冰岛做了一次探索，结果十分满意。可能还有一些移民也出自类似的动机，但对大多数人来说，决定性的原因是对新建立的王国的不满。

英格尔夫和莱夫再次回到挪威，一方面为迁居做最后的准备，另一方面是为了鼓动其他人同他们做伴。莱夫还从爱尔兰岛俘获了一批奴隶并掠夺了大量财物，从此就称为赫尔莱夫（宝剑莱夫）。公元874年春，两人各乘一条船前往冰岛。英格尔夫将圣座柱抛进大海祈求神谕，同他的大多数同胞一样，英格尔夫笃信多神教（赫尔莱夫却不是这样），他将听从神的指示决定定居点。他在南海岸即现在的英格尔夫斯岬角登陆，在那里度过了第一个冬天。

赫尔莱夫则在这以西上岸，后来那个地方就以他的名字命名为赫尔莱夫斯岬角。赫尔莱夫立刻造了两座大房子，准备明年春天在这里种地。但是他只有一头耕牛，于是就强迫爱尔兰奴隶去拉犁。奴隶们愤恨至极，奋起打死了主人及其仆人，带着女眷和牲畜逃到西面的几个小岛上。到了春天，英格尔夫的两个奴仆奉命去寻找圣座柱，途经赫尔莱夫斯岬角，听到这件事后，赶紧返回向主人报告。英格尔夫找到了凶手，并在韦斯特曼纳群岛的一个无名岛上将这些爱尔兰人杀死。该岛屿因为这个事件被命名为西人岛。

英格尔夫和他的仆人在赫尔莱夫斯岬角度过了第二个冬天。第三年冬天是在更往西的英格尔夫斯山脚下度过的。在此期间，他的奴隶在现在冰岛首都附近的岸边找到了圣座柱，英格尔夫便在那儿建立庄园定居下来。

[英格尔夫·阿尔纳尔松]

第6章 维京人北欧的探索路线

海洋与文明 北欧海盗征服欧洲 | 133

当他看到附近温泉冒出热腾腾的烟雾时，便把他的住地命名为雷克雅未克（烟湾）。直到冬天，他一直居住在这个地方。他的后代也一直生活在这里。

此后，这里不断有来自挪威或爱尔兰岛的移民到来，直到 10 世纪前期，冰岛历史上的移民时期才结束。

英格尔夫·阿尔纳尔松和他的妻子海尔维格被公认为第一个来自北欧的永久定居冰岛者。

"红发"埃里克探索格陵兰岛

与英格尔夫一样，"红发"埃里克也是因为犯罪而被判处驱逐出境的极刑。"红发"埃里克的全名为埃里克·瑟瓦尔德森（950—1003 年），出生于挪威的罗加兰。

※ ["红发"埃里克]
埃里克·瑟瓦尔德森（"红发"埃里克）出生于挪威的罗加兰，他的儿子莱夫·埃里克松后来也成为一名著名的探险家。

出走冰岛

埃里克出生在挪威，小时候因为父亲犯了谋杀罪，他和家人被流放到冰岛。成年后，埃里克在一处农场安顿下来，并娶了一个信仰基督教的妻子，养育了 4 个孩子。他们这种田园般的生活维持了没有几年，埃里克的脾气越来越暴躁。他没有吸取父亲的教训，有一次他因为一头牛与邻居打架，结果把邻居的儿子打死了，因此被驱逐出了冰岛。

※ 爱尔兰岛深受北欧维京人的蹂躏，先是丹麦维京人入侵，没过多久挪威人又发动远征，直到公元 1000 年，爱尔兰人博罗姆贝才赶走了维京人，收复国土。

发现格陵兰岛

公元 982 年，埃里克从冰岛起航，船从东到西绕格陵兰岛海岸航行，直到发现一处无冰的地点后，他才登陆。埃里克在那里住了3年多，他给这个地方取了一个好听的名字，叫作"绿色的土地"（即 Greenland，音同格陵兰），以便吸引更多的移居者。

公元 985 年，埃里克回到冰岛，他召集、引诱了一批愿意移居格陵兰岛的维京人。其实这个岛并不像它的名字那样充满着春意，那里气候严寒，冰雪茫茫，中部地区最寒冷，月平均温度为 −47℃，绝对最低温度达到 −70℃，是地球上仅次于南极洲的第二个"寒极"。

[格陵兰岛]

[冰天雪地的格陵兰岛]

格陵兰岛处于大西洋和北冰洋之间，是北欧国家丹麦的一个自治州。全岛 4/5 的地区处于北极圈之内，85% 的面积被冰川覆盖，是个苦寒之地，只有东南部沿海才适合人类居住，想想在这里坚持了 500 年的维京人，绝对是一个能够吃苦耐劳的人种。

第 6 章　维京人北欧的探索路线

海洋与文明　北欧海盗征服欧洲 | 135

❈ 格陵兰岛是一个由高耸的山脉、庞大的蓝绿色冰山、壮丽的峡湾和贫瘠裸露的岩石组成的地区。从空中看，它像一片辽阔空旷的荒野，那里参差不齐的黑色山峰偶尔穿透白色、炫目并无限延伸的冰原。但从地面看去，格陵兰岛是一个差异很大的岛屿：夏天，海岸附近的草甸盛开紫色的虎耳草和黄色的罂粟花，还有灌木状的山地木岑和桦树。但是，格陵兰岛中部仍然被封闭在巨大冰盖上，在几百千米内既不能找到一块草地，也找不到一朵小花。

❈ [埃里克故居]

❈ [格陵兰岛首府努克]

移民格陵兰岛

公元 986 年，埃里克率领一支由 25 艘船组成的远征队启程前往格陵兰岛，结果只有 14 艘船载着 500 人到达了格陵兰岛的布拉塔利德聚居点。当幸存者挣扎着爬上格陵兰岛的海岸时，他们失望了，这里找不到铁矿，更谈不上有什么森林。

维京人向来以不怕吃苦而著称，但是当他们来到格陵兰岛之后，才知道什么叫度日如年。

尽管格陵兰岛比冰岛大部分地区都更靠南，环境却更艰苦。格陵兰岛纬度太高，只有极少数土地上没有冰层，而影响格陵兰岛的洋流带来的则是刺骨冷风，还伴有大雾。寒风从北面带来浮冰，冰山常常封住峡湾，即便在夏季也是如此。最初，移民们选择定居的这片狭长的草地位于峡湾之上，正对着冰河。冰河定期流动，这常常会给他们的石屋和茅舍带来灾难。这里的夏季太短，因而根本不能考虑耕地和种粮。

岛上几乎所有适合做农场的土地都被他们分抢一空。只有鱼以及瘦弱的牛、羊为他们提供肉和奶，而且岛上铁矿稀缺，木材不足，使得维京人很快陷入困境。然而令人赞叹的是，即使在如此严酷的环境中，维京人依然在这里坚持了 500 年。

维京人莱夫·埃里克松发现纽芬兰

莱夫·埃里克松是埃里克的儿子，他是在挪威长大的，回到格陵兰岛后，决定追随他父亲的探险精神，探索格陵兰岛的蛮荒，于是他买了艘船，刚开始探险时选择的是一名叫比雅尼·何尔约夫森的船主曾探险过的区域。

后来，他决定探索一条跟以前完全相反的航线。一路顺风顺水，几天之后，他们发现了一个像一块大石板的小岛，但是这个小岛上没有任何植被，不适合人们居住，莱夫将其命名为 Helluland（意为平石之地），这里可能是今天加拿大的巴芬岛。接着他们又抵达了另一个较平缓而且有树林和白沙滩的岛屿，他将之命名为 Markland（意指树岛），也就是今日在北美哈得孙湾与大西洋间的拉布拉多半岛。

莱夫的船只继续朝南航行了一段距离之后，又发现了一个岛屿，那天天气很好。一直以来，他们所看到的都是冰雪弥漫的海岸，现在总算到了一个绿油油的岛屿上。在船上生活了这么久，如今看到了一块这么美丽的陆地，大家自然都兴奋不已，莱夫便带领伙计们上岸了。

上岸后，大家更是对这座岛屿赞叹不已，他们甚至把岛上的露水说成是此生尝到过的最甘甜的东西。大家开始在岛上安营扎寨。

当时不过是初秋时节，这些维京人纷纷提议要在这里过冬，莱夫提出了探索这个岛屿的方案。他把所有人分为2组，每组16人，每天都有一组人出去探险，出发的方向都不一样，另外一组人留在营地。他们要遵守的

[莱夫·埃里克松]
莱夫在海上探险的过程非常惊险，但由于他都挺了过来，于是又有了一个"好运莱夫"的绰号。

第 6 章 维京人北欧的探索路线

据《格陵兰传说》描述，莱夫最先发现的是一片不毛之地，那里的高地全被冰川所覆盖。由于那地像一块大石板，莱夫干脆叫它为平石之地。这大概就是欧洲人首次踏足北美洲的经过了。今天，历史学家认为平石之地就是位于加拿大东北部的巴芬岛。

❋ 莱夫发现的第二个岛屿既平坦、草木繁茂，又有白色的沙滩。莱夫叫它为树岛，即今天的拉布拉多半岛。不久，他们发现了第三个岛屿，这是一个看上去比先前两个地方更像乐土的地方——纽芬兰。

❋ 这些传说看起来非常神奇，因为那个时候没有指南针，他们如何做到朝一个方向航行呢？经过考古学家的考古发现，维京人确实有很多方法可以确定海上的经纬度。

❋ 维京人最先掌握的应该是观鸟导航法。通过观察鸟类的飞行，他们能推断哪里有陆地，以及是怎么样的土地。他们有时还带渡鸦出海；渡鸦一放出去，就振翅高飞，飞到最接近的陆地去。这样，维京人就能知道最近的陆地在哪里了。

❋ 维京人会从树皮上收集一种叫作火绒的真菌，并在尿液中将火绒沸煮几天，再将其捶打至与原来相似的物质。尿液中的硝酸盐会使物质慢慢燃烧而不是迅速烧尽，所以维京人可以持续地使用这种物质生火。

❋ [美酒之地——纽芬兰]

❋ [莱夫·埃里克松－纪念邮票]
1968年美国发行的纪念邮票。

唯一规则就是出去探险的时候不能走太远，要保证一天之内能够返回，大家一定不能走散。

这里就是今天的纽芬兰，岛上物产丰富，森林茂密，河里也有许多鲑鱼，最关键的是维京人发现这里的冬季日照时间比冰岛和格陵兰岛都要长，他们还发现了一种美味的浆果，莱夫便把这里称为文兰，即美酒之地。

第7章
北海帝国

在维京人大肆掠夺和改变别国的同时，北欧本土也在悄然发生变化。

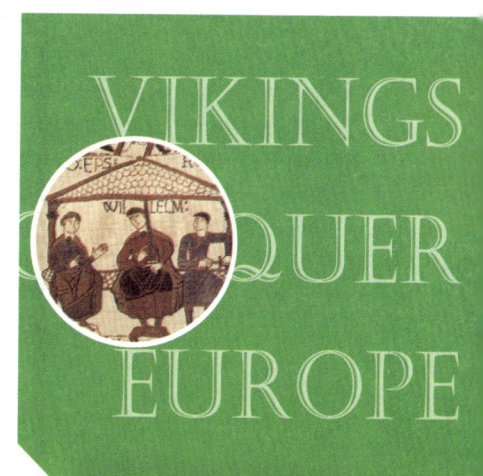

北欧本土的变化

维京人的扩张和侵略，对其他国家的文化造成深远的影响，除了他们大肆抢劫修道院，侵占盎格鲁-撒克逊统治下的英格兰土地外，他们还在爱尔兰和法兰克王国境内大肆破坏。同时，正是由于他们的扩张行为，才促进了冰岛和格陵兰岛等地的发展、诺曼底公国的建立，还有都柏林及约克城等大规模贸易城市的兴起，以及俄国建立第一个中央集权政权等。

[北极地图中的斯堪的纳维亚]

海洋与文明 北欧海盗征服欧洲

❖ [斯堪的纳维亚的市场]
这是一幅描绘斯堪的纳维亚市场的绘画作品，画面上午夜的阳光遮挡住了月亮和星星，一个小贩的货摊上挂满了皮毛，一个商人正在用一件漂亮的玻璃制品和他交换商品。

❖ [维京人的护身符－正面]

❖ [维京人的护身符－反面]
2016年，考古学家在挪威东部的阿卡（Aker）农场发现了一小块由金制成的护身符。这是维京夫妇的护身符，护身符的横截面约为1厘米，厚度约为0.02毫米。

财富的积聚，数量多到令人咋舌

维京人对欧洲大陆的洗劫，给北欧本土带来了大量的战利品，包括钱币、银器、金属及奴隶等，数量多到令人咋舌。9世纪这100年的时间里，据法兰克人的记录，仅法兰克王国就给维京人进献了重约45万磅的白银，这只占了维京人掠走的所有财物中的1/3。

到了10世纪时，北欧的白银收入更为可观。当时英格兰处于盎格鲁－撒克逊人统治时期，那时的英格兰国王埃塞尔雷德二世为了贿赂维京人，给他们送去了10多万磅的白银。除了英格兰的贡金，维京人还通过劫掠从爱尔兰岛及两个法兰克王国得到了大量白银。另外维京人同格陵兰岛、拜占庭帝国等地之间的贸易往来也给北欧带来了大量的白银。

贸易中心的兴建

大量钱币涌入北欧后，北欧人开始摒弃以往的物与物交换的习惯，开始使用货币，因此货币经济得到发展，促进了北欧市场的进一步融合。在北欧一些规模较大的贸易中心，如海泽比和比尔卡，维京人开始模仿法兰克、拜占庭或者盎格鲁－撒克逊人的钱币来铸造自己的钱币。

越来越多的维京人开始成了有钱人，这些富人刺激了奢侈品市场的繁荣，反过来又促使维京人去开拓更加广阔的贸易路线。

维京人学到了很多管理经验，集权王国出现

在长达250多年的维京时代，在繁杂的贸易路线上，北欧人了解并学到了很多其他地方的文化。比如，维京人通过同英格兰及拜占庭帝国的交流，学会了怎样建立中央集权的政府，他们把这套管理体系引入了斯堪的纳维亚半岛；获得了大量财富的维京海盗王回到北欧后，

❦ 一般维京夫妇用的护身符用来描绘生育之神弗蕾亚和夏天之神格德。

第 7 章 北海帝国

❦ [维京人的生育之神弗蕾亚和夏天之神格德]

海洋与文明 北欧海盗征服欧洲 | 141

❈ [维京人的项链]

维京人非常注重个人形象,他们穿着五颜六色的衣服,也会戴着华丽的珠宝。上图所示的玻璃珍珠项链是在瑞典哥特兰岛发现的。玻璃不是当时维京人所能制作的东西,因此玻璃珍珠项链可能是从其他国家进口的。

利用自己闲置的钱财养活军队,形成了国王的直属军队,进一步加强了王室的集权能力。

不仅如此,维京海盗还学会了如何修建石质建筑、砌墙,以及如何装饰他们的宫殿等。越来越多的海盗王摒弃了他们控制海洋的梦想,转而想拥有更多的领土,于是他们攻入内陆。

北欧因抢劫而繁荣,因繁荣而集权,又因集权而继续征战,最终获得了当时的一切。

🌸 丹麦的统一

当时北欧的丹麦与瑞典及挪威相比,它是人口密度最大的国家,也是斯堪的纳维亚半岛最强大的王国。之所以强大,是由于丹麦的一个贵族,它就是原来统治丹麦半岛东边要塞的耶灵家族。

❈ [维京秤]

商品的丰富,让货币也开始走向大额交易,特别是黄金等贵重金属需要度量,维京秤应运而生。

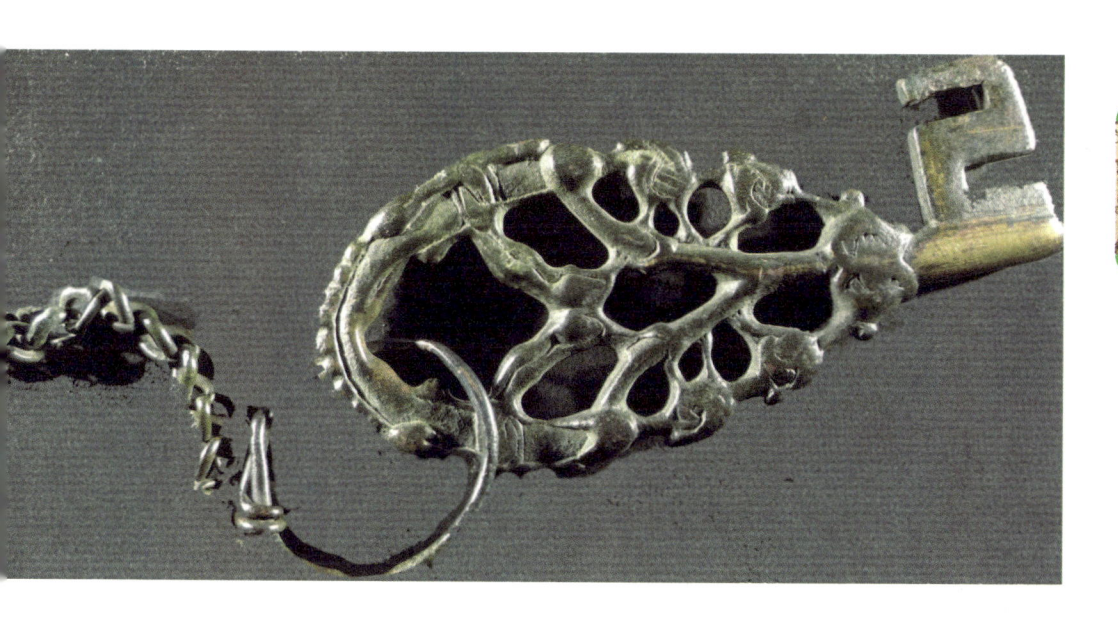

※ [维京人的钥匙]

钥匙是维京考古遗址中最常见的物品，尤其是在女性坟墓中，因为钥匙显示了女性作为家庭主人的权力。有些钥匙甚至是用青铜和坚固的金属制成的，不会生锈。

※ 维京人早期对基督教是抵触的，这在他们制作的物品中可以窥见一斑。

据守日德兰半岛，防止基督教入侵

耶灵家族的族长是老戈姆，他是一个典型的维京海盗王。老戈姆不仅收服了周围地区的一些小领主，而且还控制了日德兰半岛的大部分领土。

早在公元811年，法兰克王国强盛时期，查理曼大帝和丹麦在多年战争未分胜负之后，签订了一份和约。这份和约中规定，双方以艾德河为界，北边属丹麦，南边属法兰克王国。

查理曼大帝曾赶走了日德兰半岛南部的异教徒（包括撒克逊人和维京人，以及其他少数人种），唯独保留了信奉基督教的阿博德里人。维京人崛起之后，为了抵挡基督徒的入侵，丹麦人在王后翠拉的带领下，在日德兰南部修建了一道从北海到波罗的海的围墙，即"丹纳维奥克防线"。老戈姆依旧竭尽全力地据守日德兰半岛，不让基督教传播有一丝可乘之机。

※ [维京人的饰品]

这是发现的维京人早期的饰品，是一个锤子的形状。众所周知，锤子是雷神的标志。这表明维京人认为雷神锤坠饰是他们的护身符，并且必须在他们的来世中使用它。

"蓝牙王"哈拉尔继任丹麦国王

老戈姆和大儿子卡努特出门抢劫期间,丹麦的政务就交给了老戈姆的小儿子"蓝牙王"哈拉尔和妻子翠拉。

公元940年,老戈姆又带着大儿子卡努特出门抢劫,他们选择围攻都柏林,大儿子卡努特不幸死于攻城战中,伤心的老戈姆在大儿子死后两天也撒手人寰。丹麦耶灵家族的继承人就剩下老戈姆的小儿子了,于是"蓝牙王"哈拉尔顺理成章地继承了丹麦王位。

哈拉尔皈依基督教

"蓝牙王"哈拉尔继任之后,却违背了死去的父亲老戈姆坚持不让基督教入侵丹麦的意愿,公元965年,哈拉尔皈依了基督教。对于坚信奥丁和托尔这些北欧神祇的民族,要上下一心改信基督教,这绝对不是一件容易的事情,但是"蓝牙王"哈拉尔却做到了。

❋ ["蓝牙王"哈拉尔]
哈拉尔之所以被称为"蓝牙王",据说是因为他有一颗蓝色的牙齿,即我们如今所说的"blue tooth"。

❋ [耶灵石]
在丹麦的日德兰半岛中部有个叫耶灵的小城市,耶灵市的教堂门口有两块石头,一大一小。大石头上刻有头上围着光环的基督像和古北欧文,这是哈拉尔在他父母亲的坟墓上立的墓碑,丹麦人称这两块石头为"耶灵石",并把石碑看成是丹麦王国诞生的证明。

就当时的形势来看，"蓝牙王"哈拉尔之所以改信基督教，有两个主要原因：一是那些发达的欧洲国家大部分都是信奉基督教，所以信奉基督教能更加容易融入它们。二是德意志开始强大起来。

时任德意志国王的奥托一世曾到过罗马，被加冕为神圣罗马帝国的皇帝。除了德意志的领土外，奥托一世还控制着意大利北部、几个低地国家、法国的部分地区和中欧的大部分土地，甚至丹麦都需要向其交纳贡金才能免于战祸。

这个时候的奥托一世年纪还不算大，但他已经在慢慢赢得"大帝"的称号。这位英武的国王总想扩大自己的疆域，哈拉尔完全有理由相信他想把丹麦并入自己的版图。若要进攻丹麦，最直接的理由就是清除异教徒，而如今"蓝牙王"哈拉尔接受了洗礼，成了基督徒，那奥托一世便没有什么借口来入侵丹麦了。即使奥托一世想要入侵，当时梵蒂冈的教皇也不会容忍这种情况的发生，所以此事对丹麦是有绝佳好处的。

❋ [奥托一世的马赛克壁画]
奥托一世又被称为奥托大帝，公元936年即位后不停地东征西讨，积极打击封建割据势力，维护王室的中央集权，并且长期采取对外扩张政策，终于成为当时欧洲大陆最有实力的君主。

第7章 北海帝国

[瓦埃勒峡湾上的大桥]

哈拉尔塑造了丹麦民族

"蓝牙王"哈拉尔之所以能够成功让丹麦人信奉基督教，原因在于他让民众看到了自己的实力。在后期的统治中，哈拉尔建造了大量规模宏大的公共工程，这让那些心怀不服的人颇受震惊。

比如，位于丹麦耶灵南部大约6英里的瓦埃勒峡湾，曾是古代丹麦的行军之路，但峡湾将其截为两段。

为了让军队顺利渡过峡湾，哈拉尔越过沼泽地，在峡湾上横空架起一座大桥。这座大桥十分宏伟，桥长约800米，宽约6米，承重近6吨。为保证征途供给，哈拉尔还在沿线建了上千个规模庞大的驿站。为建设这些驿站，甚至砍掉了一整片橡树林。

哈拉尔建设这些工程并非为了流传百世，而是为了展现自己的实力。如此浩大的工程，没人能轻易建成，而哈拉尔却做到了，丹麦人民开始相信哈拉尔是正确的，他们要做的就是相信他。

于是在斯堪的纳维亚半岛上相信"蓝牙王"哈拉尔的人越来越多，他甚至把日德兰半岛上的不同民族都结合在一起，将他们与挪威南部及瑞典联合了起来。如果说哈拉尔的父亲老戈姆创立了丹麦王国的话，那么"蓝牙王"哈拉尔则更加优秀，他塑造了丹麦民族。

[北欧神话体系中的世界之树]

["蓝牙王"哈拉尔统治下的特瑞堡]

这样的堡垒已经发现 7 处了，这些防御性的建筑做得非常出色，几乎达到了完美的圆形，至今都没有古代遗址的样子。

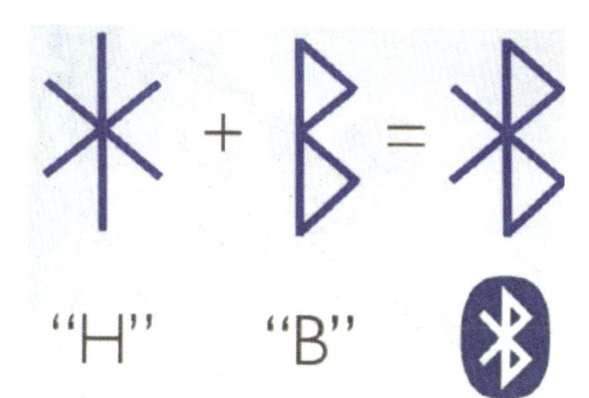

🌿 两个"哈拉尔"国王间的争斗

随着丹麦"蓝牙王"哈拉尔的崛起，他在周边国家中的威望很高。

10 世纪中叶，罗洛的孙子理查公爵在诺曼底的统治受到威胁，他便请"蓝牙王"哈拉尔帮助自己，哈拉尔不仅帮他收复了失地，还在接下来的 20 多年时间里，帮助理查公爵击退了他国的侵犯。由此事件可以看出，此时的丹麦已经强大到担当北欧"警察"的角色，可这也为哈拉尔带来了麻烦。

"蓝牙王"哈拉尔的外甥"灰袍王"哈拉尔来到丹麦

"蓝牙王"哈拉尔的妹夫就是挪威国王"血斧王"埃里克，后来埃里克被手下杀死，他的儿子也就是"蓝牙王"哈拉尔的外甥"灰袍王"哈拉尔（外甥与舅舅同名）来到丹麦，向他求助。

[蓝牙符号]

现在各种电子产品上都有蓝牙的符号，我们知道"Blue tooth"一词来自哈拉尔国王，其实连蓝牙的符号也来自古维京文字。将"蓝牙王"哈拉尔的名字"HB"对应成相应的古维京文字，将其结合起来就是我们今天所使用的蓝牙符号。

["灰袍王"哈拉尔]

在北欧神话中有各种各样的野生动物出现，比如野猪。

对于同族的求助他都出手，何况是亲外甥？所以，"蓝牙王"哈拉尔答应了外甥的求助，但条件是"灰袍王"哈拉尔要宣誓效忠自己，迫于当时的形势，"灰袍王"哈拉尔只得同意这个条件。

"蓝牙王"哈拉尔派兵伏击并暗杀了"灰袍王"哈拉尔

公元961年，"蓝牙王"哈拉尔帮助"灰袍王"哈拉尔夺得了王位，并迫使"灰袍王"哈拉尔向自己称臣。虽然"灰袍王"哈拉尔再次表示效忠，但他的内心并不情愿。

后来"灰袍王"哈拉尔控制了挪威东部地区的海上贸易路线，将自己的势力延伸到现在的芬兰和俄罗斯地区，随着"灰

[北欧神话中的生育之神弗蕾亚和她的野猪]

袍王"哈拉尔的势力越来越大，慢慢地想脱离舅舅"蓝牙王"哈拉尔的控制。

对于外甥的行为，"蓝牙王"哈拉尔非常愤怒，公元970年，他派兵伏击并暗杀了"灰袍王"哈拉尔，随后侵占了挪威西部地区。之后，他扶持了一位他认可的"傀儡"国王，用来打理挪威的政务。

❀ 弗蕾亚是爱情、性和生育女神。根据她所体现的所有品质，历史学家普遍认为弗蕾亚是维京时代最重要的神之一。她的兄长则是雄性和繁荣之神弗雷尔。

挪威引来的豺狼

丹麦成功将挪威收入麾下，成为自己的附属国，使得丹麦的版图再次扩大。

公元973年，丹麦南部的旧邻德意志王国的老国王奥托一世去世了。

原本多年以来，丹麦与德意志王国的和平是依靠丹麦的贡金维持的，如今随着奥托一世的死亡，"蓝牙王"哈拉尔不再想向德意志交纳贡金，于是，当新任德意志国王奥托二世的使者来收钱时，"蓝牙王"哈拉尔拒绝了。

不久之后，德意志王国向丹麦开战了，起初的几场战役，丹麦维京人表现得很勇敢，获得了胜利。但是挪威国王虽然是丹麦扶持的"傀儡"国王，此时却倒戈帮助了德意志王国，并且加入了战斗，使得德意志人越战越勇，连连大胜，将丹麦维京人逼回了丹麦边界，最后"蓝牙王"哈拉尔只得向德意志国王奥托二世求和。

遭到儿子背叛，"蓝牙王"哈拉尔逃走了

败给德意志王国并未造成什么毁灭性的后果，因为

❀ [奥托二世]

自奥托一世起，德意志王国就成了一个开启新时代的帝国。这是一个平稳的时代，国家相对统一，中央集权得到巩固，奥托一世也立了儿子为国王。为了早早立下接班人，在那时形成了独特的"共治时期"。就是儿子和老子两位国王一起管理国家。这样的共治使得国家完成了平稳地过渡，也更加稳固了奥托二世的统治。

第7章 北海帝国

海洋与文明 北欧海盗征服欧洲 | 149

❖ [在父亲葬礼上喝酒的"八字胡须王"斯凡]

❖ [斯凡时期模仿撒克逊风格制造的货币]

德意志王国的军队并没有趁机攻入丹麦本土。只是挪威脱离了丹麦的控制,这对丹麦来说并不算伤筋动骨,因为挪威本来就是附属国而已。

"蓝牙王"哈拉尔的长子"八字胡须王"斯凡本来就对父亲的一些做法颇有微词,尤其是此次大败更是令他恼怒,加上哈拉尔年纪也大了,于是斯凡便想取而代之。

就在"蓝牙王"哈拉尔准备聚集兵力反扑德意志王国时,斯凡控制了大部分丹麦部队突然造反了。

这令"蓝牙王"哈拉尔手足无措,仓皇之下,他逃到了波罗的海南部海岸的约姆斯堡据点。这个地方盛产维京战士,"蓝牙王"哈拉尔准备在这里重新组织力量打回去,可是他毕竟年岁已高,于公元986年去世了。

🌱 维京人再去英格兰抢钱

抢掠财物是维京人的老传统。通过抢掠，"蓝牙王"哈拉尔加固了丹麦边墙，并修建了桥梁和城堡，让维京人过得更好。

同样"八字胡须王"斯凡也是一位好战的维京人，他推翻了父亲"蓝牙王"哈拉尔的统治，继承了他的王位后，每到夏天他就会带兵出征，去抢劫那些邻国。

阿拉伯银币的贬值

维京人疯狂的掠夺后，形成的大量贸易交换，使得各种货币在维京人之间广泛流通，10世纪初，维京人已经成了鉴别金属货币的行家，他们能够辨别来自阿拉伯国家、拜占庭帝国及西方国家的金属货币。当时在多种金属货币中，面额最大、纯度最高、质量最好的要数阿拉伯的迪拉姆银币（迪拉姆银币的含银量达90%）。

然而从10世纪中叶开始，阿拉伯的迪拉姆银币基本枯竭。更糟的是，不但数量不足，连质量也大不如从前了。

到了11世纪，迪拉姆银币的含银量急剧下降到了5%。这种情况对于"八字胡须王"斯凡来说可不是好事，大量劫掠回的财物在不断地贬值，如果他想与父亲、祖父一样有好的政绩，就必须重新寻找白银的来源，于是他把目光又重新投向了英格兰上。

维京人趁英格兰国内动乱，再次入侵

如今的英格兰可并非当初，从阿尔弗雷德大帝后经过了几代国王的统治，他们不仅赶跑

🌿 ["八字胡须王"斯凡]

🌿 [迪拉姆银币]
迪拉姆如今是阿拉伯联合酋长国的流通货币。

第 7 章 北海帝国

❀ [逐渐融合的丹麦人和英格兰人－油画]

❀ [埃塞尔雷德二世]

埃塞尔雷德二世（约976—1016年），英格兰国王，在位时间为公元978—1013年及公元1014—1016年，号称"仓促王"，绰号"邋遢大王"，是英国历史上臭名昭著的昏君。

了英格兰丹麦区的维京人，收复了苏格兰，还成了西欧当时最繁荣的王国，曾经的威塞克斯王国已经统治了英格兰全境，成了真正的英格兰王国。

此时的英格兰虽然如巨人般的强大，但是不管多么强大的巨人也有打盹的时候。

当时的英格兰动荡不安。老国王埃德加死后，其王位继承人爱德华王子被王后艾芙丽达设计杀害，艾芙丽达12岁的儿子埃塞尔雷德二世在宫廷阴谋中加冕为王，引起贵族的激烈抗议。

在这种情况下，维京人看到了机会。公元991年，挪威人奥拉夫·特里格维逊率领一支由90艘维京长船组成的舰队，来到英格兰沿岸，丹麦"八字胡须王"斯凡也开始了对英格兰的埃塞克斯肆意抢劫。

英格兰新国王埃塞尔雷德二世自顾不暇，

[进攻英格兰的维京人－油画]

几个月后，才终于在大臣的帮助下安抚了国内各派势力，派出比尔特诺斯率领的英格兰大军赶来驱赶维京人，可是英格兰大军被维京人轻松击败，逃的逃，死的死，据说没逃的士兵被维京人全杀光了，只留了一个活口回去报信。

英格兰国王再次给钱以保平安，令他吃惊的是这两位早就是基督徒

年幼的英格兰国王埃塞尔雷德二世对这些维京人无计可施，只得再像之前的国王一样，向维京人求和。维京人的惯例是只要有钱赚，不拒绝和谈，于是埃塞尔雷德二世支付给维京人近1万磅白银，以求维京人撤出英格兰国境。

可是，拿了钱的维京人却没有按约定离开英格兰，无论是挪威人奥拉夫·特里格维逊还是丹麦国王斯凡，他们都没走，而是继续在英格兰南部抢劫，并且占领了除伦敦以外的所有大城镇。

第 7 章 北海帝国

[维京珠宝]
这是常见的维京珠宝，但颇为难得的是上面写着"Hmar x is"，意思是"这是一把锤子"。

海洋与文明 北欧海盗征服欧洲 | 153

❀ [奥塞贝格墓出土的挂毯]
上图所示的挂毯展示了一个仪式场景。织物残骸的右侧显示骑马者和行走的人。挂毯的左侧描绘了一个宗教仪式，有三辆马车，人们跟着徒步。

无奈之下英格兰国王再次提出支付贡金，只求他们早早离去，当然前提是要挪威人奥拉夫·特里格维逊和丹麦国王斯凡皈依基督教，可是令英格兰国王惊异的是，这两位维京人头目早就皈依了基督教。

于是，两支维京军队又从英格兰国王处获得了约 1.6 万磅的白银。

❀ 首位维京人就任英格兰国王——"八字胡须王"斯凡

挪威人奥拉夫·特里格维逊和丹麦国王斯凡心满意足地带着英格兰人交纳的贡金，回到了各自的领地，谋划着下一步的计划。

奥拉夫·特里格维逊一直想完整地统治挪威，也就是他需要从斯凡那里拿回原本属于挪威的领地。

❀ ["八字胡须王"斯凡时期铸造的银币]

第 7 章 北海帝国

挪威国王奥拉夫·特里格维逊的强权政策

公元 997 年，挪威国王奥拉夫·特里格维逊突然发动攻击，从斯凡手里夺回了本属于挪威的全部领地，并且在特隆赫姆修建新的都城，他还在新都城里建了一座基督教堂，他要把基督教作为挪威人的国教。

奥拉夫以强权政策改变了整个挪威的信仰，为了加强自己的统治，他修建了一艘名为"长蛇"号的巨舰，每天在海上巡航。这使得奥拉夫的威名远播。

到了公元 1000 年，他已经让法罗群岛、奥克尼群岛以及冰岛这些地处偏远的属地接受了基督教，甚至连格陵兰岛都开始信奉基督教，这些改信基督教的人中当然也包括那位发现格陵兰岛的冒险家"红发"埃里克。

另外，奥拉夫还想娶瑞典国王的遗孀为妻，然后将瑞典收入囊中，而且他还想渗入丹麦王室，借

[女战神弗蕾亚和她的猫]
弗蕾亚还是北欧神话中的女战神和魔法之神。她是宇宙中最美丽的女性之一，之所以选用猫为其标志，看重的是三点：第一是独立；第二是女人味；第三则是神秘。

海洋与文明 北欧海盗征服欧洲 | 155

[维京人的棋子]
上图所示是维京人制造的西洋棋的棋子，它的外形是一个戴着尖顶盔的骑士侧身像。

[6世纪时期维京女性的装束]

此帮助自己统治整个斯堪的纳维亚半岛。

与挪威国王奥拉夫开战

对于挪威国王奥拉夫的行为，丹麦和瑞典极其恐慌，于是两个相对弱小的国家结为了联盟，共同抵御挪威。

丹麦和瑞典两国组建了一支由70艘战船组成的联合舰队。当奥拉夫乘坐"长蛇"号带着舰队航行到丹麦和挪威之间的海域时，丹麦和瑞典联合舰队对其进行了伏击。挪威人的舰队很快就战败了，最后只剩奥拉夫乘坐的"长蛇"号还在顽强抵抗。但这种抵抗并没有持续多久，奥拉夫在自己最大的战舰也被击溃的时候，纵身跳入了水中，最终溺水而亡。

消灭了挪威国王后，丹麦和瑞典瓜分了挪威，此时丹麦"八字胡须王"斯凡已经控制了斯堪的纳维亚半岛南部的大部分领土，成了斯堪的纳维亚半岛实力最强的国王，重新控制了其父"蓝牙王"哈拉尔在位时的大部分领地。

英格兰国王想用支付贡金的方式调和维京人之间的战争

在斯堪的纳维亚半岛上的三个国家之间发生战争期间，不列颠岛上的英格兰国王埃塞尔雷德二世担心他们会一家独大，所以就想用贡金的方式，请求挪威国王奥拉夫、丹麦国王斯凡和瑞典国王停战。英格兰国王的这种行为让人很难理解，但是即使再多的钱也买不来挪威、丹麦和瑞典的和平，并且他的这种举动，还会让这些

❖ [血色的圣布莱斯节]
公元 1002 年 11 月 13 日，正是基督徒的圣布莱斯节。英格兰的盎格鲁-撒克逊士兵按照国王的密令，对所见到的丹麦人实施屠杀。这就是著名的"圣布莱斯节大屠杀"。

维京国王继续向英格兰敲诈勒索，所以在接下来的几年中，英格兰王国又先后支付了 10.8 万磅白银的贡金。

"圣布莱斯节大屠杀"使几千丹麦人死亡

维京人从来是见钱不会拒绝，他们拿了英格兰国王的贡金，却依然我行我素，更让英格兰国王埃塞尔雷德二世气愤的是，在不列颠岛北部的丹麦人不仅包庇维京人的抢劫，还鼓励他们在英格兰境内抢劫。这激起了英格兰国王的怒火，于是在公元 1002 年 11 月，他下令屠杀英格兰境内所有的丹麦人。这次屠杀导致几千丹麦人死亡，由于屠杀当天是圣布莱斯节，这次事件在历史上又被称为"圣布莱斯节大屠杀"。

"八字胡须王"斯凡进军英格兰：首位维京人就任英格兰国王

英格兰人对丹麦人的屠杀激怒了维京人，更加激怒了丹麦国王斯凡，因为被英格兰人屠杀的人中包括"八

第 7 章　北海帝国

❖ 在英格兰本土的维京人大部分都皈依了基督教，说着古英格兰语，与盎格鲁-撒克逊人越来越相似，并且这种和平模式已经维持了近 100 年。

❖ 维京人都是居住在一个大的房间里，他们会沿墙垒起两个土台，有 1.5 米宽，这两个土台当椅凳。土台间有一块狭长的地面，中间挖个洞，用来做炉子。在漫长的冬天，这个炉洞既能照明又能取暖。

❀ [维京石刻上的符号和仪式]
维京人在石头上刻上神秘的图案与文字,用来记录和祈祷生活平安、顺遂,至于这个石刻的含义,考古学家至今都难以破译。

❀ 经过"圣布莱斯节大屠杀"之后,英格兰一夜之间社会崩裂,民族对立情绪被迅速点燃。埃塞尔雷德二世以极端不负责任的荒谬行为将他的王国推向崩坏的边缘。而身在日德兰半岛的斯凡也发誓一定要让盎格鲁-撒克逊人付出惨重的代价。

❀ 斯凡是个狡猾的入侵者,他摒弃了他祖先烧杀抢掠的习惯,而是采用了一条新策略:维京大军每到一处,只要开城投降则不犯秋毫,如果冥顽不灵抵抗则格杀勿论。他还将自己塑造成英格兰的解放者,声称他的敌人是昏庸无道的埃塞尔雷德二世,而不是暴君统治下的臣民。为了确保投降者的诚意,他要求被征服者提供人质和粮草供给,并将这些事宜交给自己初出茅庐的儿子克努特管理。

字胡须王"斯凡的妹妹,很快哥哥就为妹妹来报仇了。

公元1003年,"八字胡须王"斯凡挥师进入英格兰,但是遭到了强烈的抵抗,只得暂时退回丹麦。

到了1013年,"八字胡须王"斯凡经过充分准备后,再次大规模入侵英格兰,他这次的目的并不是单纯要钱或者惩罚英格兰国王埃塞尔雷德二世,而是要将英格兰吞并。

自"圣布莱斯节大屠杀"起,英格兰就一直遭受各方势力的入侵,尤其是维京人对英格兰的洗劫,这让霉运不断的英格兰陷入了前所未有的窘境,在"八字胡须王"斯凡的大军猛烈攻击下,英格兰国王埃塞尔雷德二世毫无招架之力,狼狈地逃离了英格兰,同年11月伦敦投降,英格兰彻底归顺丹麦。

公元1013年圣诞节那天,"八字胡须王"斯凡加冕为英格兰国王。

斯凡征服了英格兰,完成了连无比勇猛的"无骨者"伊瓦尔也未能办到的事情,但他在新的王座上没有待多长时间,几周以后就病倒了。次年2月,斯凡病逝。维京人征服英格兰的伟大梦想似乎才刚刚实现,就已经濒临幻灭。

[装饰精美的斧头]
这把斧头是一名丹麦海盗的陪葬品,上面镶银,中间有一道黄金的条纹,国王和首领常常将这种装饰精美的战斧赠给勇士,作为他们的奖赏。

[维京人日常用的陶罐]

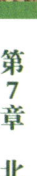

第 7 章 北海帝国

维京人对英格兰的抢劫和绑架

在丹麦"八字胡须王"斯凡攻打英格兰期间,其他独立的维京海盗也对英格兰进行了抢劫,比如就有一支约姆斯堡的海盗在首领"高个子"托基尔的带领下,趁丹麦国王斯凡进军英格兰的时机,攻入埃塞尔雷德二世的王宫,抢走了 4.8 万磅白银和各种战利品,除此之外,他们还俘虏了坎特伯雷大主教(这是之前为挪威国王奥拉夫主持洗礼

[英格兰人与维京人的大战 - 油画]

海洋与文明 北欧海盗征服欧洲 | 159

仪式的人），如此重要的人物，维京人肯定希望英格兰人能出个好价钱，以便赎回这位大主教，但坎特伯雷大主教却坚决不让自己教区的民众出钱赎回自己，这惹恼了那些维京人，最后他们将这位大主教活活打死了。

> 自从"蓝牙王"哈拉尔时代开始，日德兰半岛的基督教就开始传播开来。斯凡受父亲影响，也是一个基督徒，却丝毫不妨碍他打杀抢掠。正是由于斯凡基督徒的身份，令英格兰的盎格鲁-撒克逊人感到亲近，大大减少了被征服者的抵抗力度。盎格鲁-撒克逊人普遍认为，让一名新的强大的基督徒国王来统治并没有什么不妥。

❀ [攻打伦敦的维京士兵]

❀ [坎特伯雷大教堂]
坎特伯雷大教堂位于英国肯特郡郡治坎特伯雷市，建于公元598年，是英国最古老、最著名的基督教建筑之一。此地的首任主教是圣奥古斯丁，为全英格兰的首席主教。这里自6世纪起就受教皇重视，可以想象当时攻入此地的维京海盗是多么猖獗！

❋ ["八字胡须王"斯凡和他的战士]

被英格兰人承认的维京人国王克努特

公元1014年,"八字胡须王"斯凡死后,他的两个儿子瓜分了他留下的丹麦和英格兰两国的王位,长子哈拉尔二世当了丹麦国王,而克努特继任了尚未平定的英格兰的王位。

之所以说尚未平定,是因为英格兰这块国土上的人,根本不承认维京人为自己的国王,这里本来就是"八字胡须王"斯凡靠武力征服的,而且时间仓促,民心未服,英格兰人更尊崇阿尔弗雷德大帝的后人,所以英格兰人的反抗情绪非常激烈。

克努特被临时倒戈的英格兰贵族打败,逃回了丹麦

英格兰新国王克努特上任后采取了一些措施巩固自己的统治:为使英格兰贵族忠于自己,他

❋ ["八字胡须王"斯凡时期的金币]

[哈拉尔二世的挂毯]

[克努特－马赛克壁画]

扣押一部分人作为人质。但因为准备不够充分，克努特的军队被临时倒戈的英格兰贵族军队打败。克努特连夜逃到了英格兰南部，乘船到达桑威奇地区。之后，他杀死之前扣押的人质，把他们的尸体扔在沙滩上，让背叛自己的人去收尸，而他自己则回到了丹麦。

前国王为了重登王位，答应了使团的要求

英格兰前国王埃塞尔雷德二世在其过去长达35年的统治中，并不受民众的欢迎，"八字胡须王"斯凡攻入英格兰后，他就与妻子和两个儿子躲在诺曼底公爵"善良者"理查的宫殿中。

英格兰使团相当聪明，他们在接回埃塞尔雷德二世之前，要求他首先立誓不惩罚任何一个曾经支持过"八字胡须王"斯

[维京人的造船过程－贝叶挂毯部分]

图中一个男子高举斧头，准备伐树，他的旁边还有一个男人坐在一块劈开的木头上加工。这些是贝叶挂毯中刺绣的图案，真实地再现了维京人的造船工艺。

第 7 章 北海帝国

贝叶挂毯是以亚麻布为底、绒尼为原料，以不同颜色的细绒线绣制而成的一件刺绣品。贝叶挂毯上面共出现了 623 个人物、55 只狗、202 匹战马、49 棵树、41 艘船、超过 500 只鸟和龙等生物，还有约 2000 个拉丁文字。贝叶挂毯详细地用这些元素真实再现了黑斯廷斯战役这段完整历史，因而具有很高的历史价值。

相传，贝叶挂毯是威廉的王妃指导宫女们制作的，但更为可靠的策划者是威廉同父异母的兄弟奥多，他为了纪念威廉的功绩，也为了给自己新建成的巴约教堂献礼，特意定做了这件当时世界上最长的挂毯。后来被摆放在教堂里，让前来礼拜的信徒清楚地了解到这段辉煌的历史。

凡的人，还要他保证以后会听从大臣的建议，推行几项重要的改革。

埃塞尔雷德二世为了重返王位，爽快地答应了使团的要求，之后便带着一支由诺曼人和英格兰人雇佣兵组成的军队渡过了英吉利海峡，重新回到英格兰登上了王位。

克努特再次入侵，国王埃塞尔雷德二世将重任交给了儿子和妹夫

埃塞尔雷德二世又重新当上了英格兰国王，但是好景不长，埃塞尔雷德二世回来还不到一年，他的儿子"刚勇者"埃德蒙就拥兵造反，他虽然没有推翻埃塞尔雷德二世的王位，但在英格兰丹麦区建立了自己的政权，成为英格兰国内丹麦区的王，这让埃塞尔雷德二世很无奈。

再说逃回到丹麦的克努特，在哥哥丹麦王哈拉尔二世的帮助下，不到两年的时间里，就有了一支由 200 艘

[克努特大帝]

克努特（995—1035 年），英格兰国王（1014—1035 年在位）、丹麦国王（1018—1035 年在位）、挪威国王（1028—1035 年在位），是当时西北欧真正的霸主，是诺曼人征服时代的风云人物，他使丹麦国势达到鼎盛，史称"克努特大帝"。

战舰、上万名士兵组成的军队。

很快，克努特就率领着自己的军队再次攻打英格兰。

而此时英格兰经历了这么多年的战争，王位的争夺，加上埃塞尔雷德二世的年纪也逐渐大了，实在无力招架，他就把抵抗维京人的重任交给了儿子"刚勇者"埃德蒙和妹夫"贪婪者"伊德里克·斯特雷奥纳。

"刚勇者"埃德蒙成了英格兰国王，伊德里克叛变

"刚勇者"埃德蒙率领英格兰人奋勇抗击克努特大军的攻击，一度将维京人阻击在伦敦之外，为自己赢得了英格兰人的尊敬，这为他继任英格兰王位做了非常好的铺垫，几个月后，埃塞尔雷德二世就退位了，"刚勇者"埃德蒙成了英格兰国王，即埃德蒙二世。

与埃德蒙二世相比，埃塞尔雷德二世的妹夫伊德里克·斯特雷奥纳就

[理查二世]

理查二世（又名"善良者"理查，966—1026 年）是理查一世的儿子。理查二世在公元 996 年继承诺曼底公爵爵位。理查二世曾经平定乡村暴动，并且协助法王罗伯特二世对抗勃艮第公国。他也曾经在科唐坦半岛击退英格兰的攻击。理查二世曾持续地进行诺曼人宗教的改革。还曾试图透过联姻的方式改善与英格兰的关系，这个关系后来让他的孙子"征服者"威廉可以夺取英格兰的王位（理查二世的妹妹是埃塞尔雷德二世的王后埃玛，即"忏悔者"爱德华的母亲）。

[埃德蒙二世]

埃德蒙二世（约988或993年—1016年），是一位从公元1016年4月23日到11月30日在位的英格兰国王，埃塞尔雷德二世之子，称号"刚勇者"来自他抵抗丹麦克努特大帝入侵的努力。埃德蒙二世被自己的侍卫刺杀（也有说是维京人所刺）。

第7章 北海帝国

"难堪"多了，因为他公然倒戈，背叛了自己的姐夫，转而投奔了克努特。从此伊德里克声名狼藉，成了英国历史上最臭名昭著的叛国贼。

维京大军因为有了伊德里克的加入，将埃德蒙二世的军队逼到了埃塞克斯，在那里发生了两场具有决定意义的战争。

> 维京男人多数都是深棕色发色，为了符合他们的审美，男人们会使用一种含有强碱性物质的肥皂漂白他们的头发。在某些地区，胡子也会被漂白。但这种"染发"方法会产生更多的头虱。

叛国的伊德里克是英格兰大军失败的罪魁祸首

埃德蒙二世指挥英格兰大军全力搏杀，竟然将克努

[维京人的造船过程 - 贝叶挂毯]

海洋与文明 北欧海盗征服欧洲 | 165

特和伊德里克的军队打退，这时这个曾经叛国的伊德里克，又再次回归了英格兰人这边。

在如此激烈的战场上，埃德蒙二世当然欢迎伊德里克带军队回归英格兰这方。于是埃德蒙二世将自己与伊德里克的军队合兵，对克努特的军队发动追击，可没想到却冲进了克努特早就布好的圈套中，克努特大军全力反扑，对英格兰军发动了突袭。在最关键的时刻，伊德里克再一次背叛了他的同胞，又帮助了维京人。

克努特在英格兰加冕

英格兰军大败，埃德蒙二世带着残余的部队逃到了格洛斯特郡的一个岛屿上，不得不与克努特达成和约。

双方约定：泰晤士河以北的英格兰北部，属于丹麦人克努特管辖，埃德蒙二世继续统治英格兰南部地区。此外还规定，在埃德蒙二世和克努特两位君主之间，

❖ [维京人的护身符]

❖ 这样一个男人和一个女人相互拥抱的金制护身符，在斯堪的纳维亚半岛发现了3000多件，其跨越的历史从6世纪到10世纪，但为何是这样的造型，目前还不得而知。

❖ [格洛斯特郡的遗迹]

格洛斯特郡是英格兰西南部的郡。在塞文河口的东北方。塞文河谷地畜牧业发达，也是大麦、小麦与水果（特别是苹果、梨、梅）的产区。

[维京武士的装饰]

图中所示的是一个鹰头。鹰为维京的战争之鸟。这件鹰的雕刻品是用来装饰一幅镀金的青铜马具的。

第 7 章　北海帝国

先离世的那一位要把自己的领地让给另一位活着的君主，并且他的后裔将统治整个英格兰王国。

没等多长时间，埃德蒙二世就死了，据说是被自己的侍卫刺杀，也有说是维京人所刺。

依据和约，埃德蒙二世死后其领地归克努特所有，于是公元1017年1月6日，克努特通过贤人会议的推选，加冕为统治英格兰的又一位维京国王。

因为有了之前被赶走的历史，所以再次当上英格兰国王的克努特，上任后的第一件事就是加强对英格兰的控制。

加强对英格兰的控制

首先，他处死了埃德蒙二世的弟弟和当初支持埃德蒙二世的很多伯爵；这里面还包括那位来回背叛者伊德里克。

其次，他还扶持了一些对自己忠心的伯爵，如戈德温等。

另外，为了加强自己统治的正统性，也为了防止诺曼底公爵护送爱德华王子回国复辟。克努特向公爵

❧ 维京人来自瑞典、挪威、丹麦，在最初远征时始终是唯一的斯堪的纳维亚民族。他们说着同一种语言——古斯堪的纳维亚语。

❧ 到了7世纪时，高塔人和斯维尔人整合建立了瑞典，这两个民族的瑞典人由乌普萨拉皇族的后裔统治。

✤ 公元873年，丹麦的商人团来到"日耳曼人"路易的宫廷，与之签订了一份商贸协议。维京人使用银块作为货币来换取日耳曼人的货物，后来他们也开始慢慢接受其他货币，比如阿拉伯的迪拉姆银币、加洛林王朝货币等。

✤ [维京人陪葬品中冥想的人造型]
维京人船葬中有着大量的陪葬品，但这个造型的出现颇令专家不解，关于它的含义目前还未被破译。

✤ 瑞典人早期用秤来度量货币，直到10世纪时，瑞典人才开始铸造真正的货币。

的妹妹埃玛王后求婚（即埃塞尔雷德二世的妻子，"忏悔者"爱德华的母亲），并许诺让埃玛和他生下的子女继承英格兰王位，诺曼底公爵接受了这个条件。此后，"忏悔者"爱德华一直生活在诺曼底公国。

埃玛和克努特成婚后，没过多久就为克努特生下了一个儿子，取名为哈德克努特。克努特和前妻已经有两个儿子了，即斯韦恩·克努特森和哈罗德一世，加上这个孩子，一共有3个儿子，因此不怕王位后继无人了。

夺取爱尔兰

公元1014年，爱尔兰爆发克朗塔夫战役。这场战役积怨已久，早在公元976年，布赖恩·博鲁成为爱尔兰达尔凯斯部落的君主和芒斯特国王后，积极向外扩张，他先歼灭了欧文纳赫特部族，又打败了入侵的挪威人。到了公元983年，侵犯奥索里一族；公元997年，他的势力扩展至整个爱尔兰南半部。

到了公元1013年，布赖恩·博鲁的属臣和都柏林的挪威人联合发动叛乱。于次年也就是公元1014年4月23日，在都柏林附近的克朗塔夫与布赖恩决战。这场战争虽然消灭了叛乱者，但布赖恩也在战斗中阵亡。

本来克努特就有意入侵爱尔兰，只是收了贡金，不便于直接翻脸，而如今统治爱尔兰的势力败落，而且老国王布赖恩也死亡了，如此一个控制爱尔兰的绝佳机会，克努特又怎么会放过呢，于是他不费一兵一卒就进入了爱尔兰。

新王位加身，成为丹麦国王

"八字胡须王"斯凡死后，将英格兰交给了克努特，而丹麦本土则由克努特的哥哥哈拉尔二世统治。

出征丹麦，成了丹麦国王

公元 1018 年，丹麦国王哈拉尔二世突然去世，于是克努特准备去丹麦夺取王位。

克努特率领由英格兰人和维京雇佣兵组成的军队向丹麦本土进发，这是一件具有划时代意义的事件。英格兰经过 200 多年被维京人入侵的历史之后，首次攻打丹麦。大军在克努特的带领下长驱直入，直捣丹

❋ [玻璃人制品]
比尔卡、海泽比、斯基兰萨尔、海尔约等商业中心城镇里，发现有大量铸铜、铸金、铸青铜、木雕等工艺品，还有不少进口商品。从现有发现物品来看，当时维京人已有了自己的玻璃厂，这个小玻璃人就是其产品。

❋ 随着维京文明的发展，其社会结构发生变化，原来奴隶、自由人和头领的社会出现了一个新的专业工匠阶层，比如铁匠。他们的技艺在社会上赢得大家的尊敬，因为他们会制作武器，这个新阶层还包括士兵、商人、木匠和其他职业团体。

❋ [维京剑的原物与仿制品]
在斯堪的纳维亚文献中，才能优秀的铁匠被称作"沃伦"，他会在剑柄上制作精美的雕刻与花纹。

海洋与文明 北欧海盗征服欧洲 | 169

[刻着北欧神话故事的石头]
这块石头的上半部分描绘的是奥丁和他的瓦尔哈拉。下方描绘的是托尔和巨人钓鱼的故事。

维京人认为他们死后，奥丁会接他们回去。

麦首都耶灵。

战斗非常顺利，克努特成了丹麦新的国王，但之后经过长达10年的征服期，他才得到丹麦人的承认。

克努特建立御林军

年纪轻轻的克努特成了一个包括英格兰和丹麦的庞大帝国的统治者，但他并没有因此而满足。祖传的崇尚武力的血液在他的身体里流动。他新建了一支小型的精锐部队，叫作"御林军"。"御林军"由富家子弟和年轻的贵族后裔组成。他们总是跟随在克努特左右，吃住都在宫里。他们有严格的纪律，就像约姆斯堡的海盗那样，生活极为苛严，战斗力很强，对克努特忠心耿耿。这支军队对维持克努特的帝国作用重大。

北海大帝克努特

征服了丹麦，就等于降伏了斯堪的纳维亚半岛，可这对旁边的瑞典和挪威来说并不是个好消息，于是，瑞典和挪威为了抵御共同的威胁组成联合军，公元1027年，瑞典和挪威的联合军与克努特大军爆发了海尔加战役。克努特的舰队击败了瑞典与挪威的联合军，控制了挪威和瑞典的部分地区。

170 | 海洋与文明 北欧海盗征服欧洲

统治挪威

公元1028年，挪威国王奥拉夫二世的统治出现了危机，克努特在挪威贵族的支持下乘机进军挪威，打败了奥拉夫二世。奥拉夫二世逃亡国外，克努特又当上了挪威国王，同时统治瑞典南部地区。公元1030年，克努特又击败了奥拉夫二世的反扑，并且杀死了奥拉夫二世。

> 维京人的家庭很团结，对自家人的名誉很看重，侮辱其中一个成员就等于侮辱他的全家甚至是整个家族。所以如果一个维京成员成为某桩罪行的受害者，那么对方会向犯罪人的全家报复。

翻开地图看看就知道，克努特的势力已经包围了北海沿岸，他的疆域东起波罗的海，西抵爱尔兰海域；北及斯堪的纳维亚半岛，南达奥克尼群岛、设得兰群岛及马恩岛。克努特成了最伟大的海盗王，被尊称为"克努特大帝"，统治着历史上空前强大的北海帝国。

> 维京人之所以敢航行在最危险的大洋上，是因为他们能够互相传递有关水流和港口的信息。当时的维京人已经能运用显示太阳高度的方位表和星盘，这种星盘叫扇形太阳盘。

[维京贸易重镇－比尔卡复原图]

维京四个最主要的贸易城镇之一的比尔卡起初只是一个季节性城镇，也就是说人们会在固定的时间在这里集结，一段时间后会离开。之后，维京人建设了这里，使这里出产最优秀的皮毛，吸引着众多的商人。

✤ [维京贸易重镇 - 凯尔庞]

凯尔庞是一个维京小镇，名字的意思是"市场"。它是第一个维京小镇，到了 10 世纪末，这里就被遗弃了，至于原因目前尚不清楚。

✤ 维京航海家们也依据天体来判断方位，当船向南航行时，太阳和月亮处于高处，朝北行驶时，太阳和月亮则处于低一些的位置。在传说中记载，维京人使用一种名叫"太阳石"测方位的方法。事实上，太阳石是一种水晶，它有一种特性，就是当把它垂直放在阳光下，会由黄色变成蓝色。

统一货币和度量衡

看到这个小标题，首先想到的可能是秦始皇统一六国后的举措，然而远在欧洲的克努特，为了更好地统治他的帝国也是这样做的。

克努特命人在斯堪的纳维亚半岛根据英格兰银币的样式铸造货币。这样，无论是在斯堪的纳维亚的哥本哈根，还是在不列颠岛的伦敦做生意时，都能使用同样的货币。此外，克努特还仿照君士坦丁堡统一了度量衡，希望通过这种方式将他的领土与更加广袤的欧洲市场连为一体。

《克努特法典》

克努特还主持编纂了《克努特法典》，明文规定了国王的权力。同时，为了拉拢人心，克努特在英格兰设立了 4 个伯国，其中威塞克斯伯国由丹麦人戈德温统治，4 个伯爵都是一方诸侯，都有很大权势，而威塞克斯伯爵戈德温的势力在 4 个伯国里最强。

与神圣罗马帝国皇帝结交

罗马一直是欧洲信仰的中心，只有被这个地方承认，欧洲的皇帝才算被认可。

公元1027年，罗马教皇亲自邀请克努特出席神圣罗马帝国皇帝康拉德二世的加冕礼，这不是简单的邀请，这是变相承认了克努特作为欧洲重要君主的地位。

康拉德二世与克努特年纪相仿，两人兴趣相投，一见如故。加冕仪式上两人并肩前行，然后并排而坐。为表示对这位新结识的兄弟君主的喜爱，康拉德二世将石勒苏益格地区送给了克努特，克努特则把自己的女儿贡希尔达嫁给了康拉德二世的儿子。

除此之外，康拉德二世的加冕礼本身也给克努特留下了难以磨灭的印象，他一回到英格兰，就给自己定做了一顶皇冠。

北海大帝的陨落

身兼丹麦、挪威、瑞典、爱尔兰、英格兰多国王位的克努特，在之后的时间里励精图治，在他统治期间，北海帝国政治清明，政绩卓越。公元1035年，克努特逝世后，英格兰人民举国哀悼。克努特的遗体被安葬在温彻斯特的一座大教堂里。

克努特是基督徒，却得到异教徒（对尚未归依基督教人的称谓）诗人的颂扬。同时他也曾是异教徒，却被

[康拉德二世]

康拉德二世在公元1027年加冕为神圣罗马帝国皇帝。

🌸 石勒苏益格是个非常重要的战略要地

石勒苏益格地处北海与波罗的海交界，曾为重要的商贸枢纽，是连接东欧、北欧、莱恩河畔及大西洋沿岸各地区的中转站。

此前德意志王国统治下的石勒苏益格一直是丹麦和德意志王国之间冲突的根源，石勒苏益格地处要塞，是连接德意志王国和丹麦的陆上通道。而如今神圣罗马帝国皇帝如此轻易地就把这个军事要塞送给了克努特，足见当时克努特与康拉德二世在罗马的见面是如何的开心。

※ [四个主要的维京贸易城镇之一：里伯]

里伯是丹麦最古老的维京小镇，其历史可以追溯到公元700年。现在在里伯境内，考古学家发现了许多可追溯到维京时代的文物。

※ 维京人虽然到处烧杀抢掠，但也不可避免地影响着欧洲的文明。据粗略估计，英语中最多有5000个来自维京人的基本单词。这个数字占英语单词总数的15%。

基督教奉为英雄。从很多方面来说，这位伟大的维京海盗王并不是一个真正的海盗，他为了建立自己公正有序的统治而煞费苦心，曾先后两次去罗马朝圣，还利用自己的影响力，让罗马给自己的子民免除关税。与自己那些抢掠成性、专门破坏教堂的海盗祖先相反，克努特出资建过很多教堂，还为国内的很多教堂捐赠过无数珍贵的圣餐杯、十字架及经书抄本。

克努特的统治大大促进了北海沿岸各国的交流，加快了北欧国家基督教的传播速度。即便是今天，英格兰、苏格兰和丹麦、挪威的语言文化之间，还可以找出众多的相似之处。

克努特之后的英格兰

克努特去世之后,他的三个儿子斯韦恩·克努特森、哈罗德一世、哈德克努特分别加冕为挪威国王、英格兰国王、丹麦国王。

爱德华成了英格兰国王

克努特没有遵守与诺曼底公爵的约定,让其与埃玛王后所生的子女继承英格兰王位,而是让第一位王后艾芙温所出的儿子哈罗德一世继承,因此引起了诺曼底人

❀ 在英语中,如果人发狂、生气,无法控制自己的行为,通常用"berserk"来表示,这个词的根源在于维京狂战士的故事。维京狂战士是最暴力和最精锐的战士,他们会加入任何战斗并战斗到最后一口气。学者们将维京狂战士描述为愤怒恍惚中的战士。除了战斗和崇拜奥丁,他们什么都不知道。维京狂战士的狂热战斗精神令人难以置信。

❀ 在英语中,"章程"一词是指地方当局对一个或多个地区提出的法律。这个词可以追溯到维京时代,当时人们拥有法律的心态并且通过简单的方式实践它。"bylög"是它的古挪威语版本。

❀ 很多人都喜欢蛋糕。在生日等场合,蛋糕是我们最喜欢的食物。事实上,这个词源自古挪威语"kaka"。维京人用"kaka"来形容小蛋糕。

❀ [贝叶挂毯中的"忏悔者"爱德华]
爱德华因为对基督教信仰有无比的虔诚,因此被称作"忏悔者",或称"圣爱德华"。

❦ [维京人的挂毯]

上图所示的挂毯表现的是哈罗德公爵受"忏悔者"爱德华的差遣，送信给诺曼底的威廉的情况。

❦ [贝叶挂毯中的"忏悔者"爱德华]

极大的不满,最后两派达成妥协,分邦而治,泰晤士河以北,连同伦敦归哈罗德一世。其余归埃玛王后的儿子哈德克努特。

这时,恰逢诺曼底公爵罗伯特在朝圣途中去世。哈德克努特率领自己的扈从,从诺曼底公国接回了埃玛与埃塞尔雷德二世的儿子爱德华,也就是哈德克努特同母异父的哥哥,投奔自己母后埃玛的温彻斯特宫廷。

但不久,哈罗德一世获知了消息,带大军占领了哈德克努特的领地。埃玛王后与爱德华害怕被哈罗德一世迫害,渡海逃亡,先是投奔诺曼底公国,之后又到了佛兰德斯。

公元1040年,哈罗德一世不幸早逝,哈德克努特继承了哈罗德一世的王位,并邀请爱德华王子回国。不久,哈德克努特也去世了,也没有子嗣,不过他曾与挪威国王马格努斯有约定,两者互为继承人,但是这显然没有得到英格兰人的认可。公元1041年,爱德华在英格兰威

> "征服者"威廉是后来英格兰颇有作为的君主,他是维京人的后代。他的祖先罗洛在10世纪初期得到了法国诺曼底的领地,作为不再侵略法国之协议的交换。

塞克斯伯爵戈德温的支持下，加冕称王，英格兰正式回到威塞克斯王朝的统治之下。

"忏悔者"爱德华没有子嗣

爱德华是盎格鲁－撒克逊的威塞克斯王朝的后裔，其母亲是曾嫁给克努特的埃玛，但他从小生长在诺曼底宫廷。公元1041年，38岁的爱德华返国继承王位，因其毕生心血都注入在修道院中，对基督教信仰有无比的虔诚，因此被称作"忏悔者"。

爱德华将毕生献给了基督，他认为男女之事是对上帝的亵渎，所以他注定没有子嗣。

[维京人墓葬中出土的青铜佛像]
这是来自印度北部的青铜佛像。维京人的贸易虽然来自五湖四海，却鲜少见到如此有东方气息的文物，这绝对是最不寻常的陪葬品之一。

因爱德华始终不育，王储问题备受瞩目，若国王无继承人，大家忧虑他去世后招致维京人入侵，这是那个年代英格兰最恐惧的祸事。爱德华承诺，自己驾崩之后把王位让给表弟诺曼底公爵"征服者"威廉。

后来的事实证明，王座的竞争永远是生死之争，爱德华死后，爱德华的内弟哈罗德、"征服者"威廉和获得挪威国王哈拉尔三世支持的哈罗德的哥哥托斯蒂格，为了王位三方争霸，最后"征服者"威廉用维京人惯用的方式得到了王位，成了下一任的英格兰国王。后面的事情跟维京人就没有什么关系了，维京人在英格兰的辉煌自克努特之后宣告结束。

下 篇
北欧海盗的落幕

第8章
风云变幻的北欧本土

当"八字胡须王"斯凡在不列颠岛上征战时，斯堪的纳维亚半岛也并不平静。挪威第一位国王"金发王"哈拉尔德的后世子孙圣奥拉夫二世，此时也在为挪威的统一及挣脱丹麦人的控制而奋斗着。

妄图挣脱丹麦控制的圣奥拉夫二世

挪威国王圣奥拉夫二世的理想

圣奥拉夫二世的母亲曾嫁给挪威的两位领主，生下了他和"无情者"哈拉尔·西格德森两个儿子。圣奥拉夫二世的父亲是"金发王"哈拉尔德的后裔，所以出身比弟弟更高贵一些。

[圣奥拉夫二世雕塑]

[挪威风景]

圣奥拉夫二世突袭伦敦，越过英吉利海峡并皈依了基督教

圣奥拉夫二世13岁时就跟随维京人离开家去波罗的海劫掠，事实证明他是个非常有天分的军人，年少的他很快就成了这支维京人的首领。公元1014年，圣奥拉夫二世率军突袭伦敦，这次袭击给克努特早期对英格兰的统治带去了不少麻烦（此时克努特刚将英格兰打下，一切百废待兴，而且他正在继续扩张版图，入侵爱尔兰）。当年的冬天，圣奥拉夫二世是在诺曼底公爵"善良者"理查（理查二世）的宫殿中度过的，他不仅横渡了英吉利海峡，还在诺曼底皈依了基督教，这使得圣奥拉夫二世声名鹊起。

圣奥拉夫二世建立了自己在挪威的统治

公元1015年春天，圣奥拉夫二世回到了家乡挪威，他打算同他的祖先"金发王"哈拉尔德一样，四处征战，将挪威统一。刚开始一切都进展得很顺利，圣奥拉夫二世击溃了联合反对他的敌军，不到一年的时间他就建立了自己在挪威的统治，在他统治下的疆域比之前任何一位挪威国王在位时的疆域都要辽阔。不仅如此，他还建立了一套行之有效的行政体系，通过这套体系可以实现对全国进行管理。

[圣奥拉夫二世画像]

❀ 维京人非常注重外表，因为他们认为外表丑陋可以吓到敌人。
英文单词"ugly"可以追溯到维京时代。它源自"ugga"一词，意思是"恐惧"。如果维京人看到丑陋的人，他们会使用"uggligr"这个词。换句话说，如果一个维京战士没有军事技能，他们可以凭丑陋到让人恐惧的外表，吓跑敌人。

在挪威推行基督教，使得民众反感，民众被克努特煽动而发生叛乱

为了能够统一整个挪威，圣奥拉夫二世非常看重自己的威望，但是他在民间并不怎么受欢迎。开始只是因为没有重用贵族，导致彼此间的关系不好，后来圣奥拉夫二世希望能够借助基督教的力量统一全国，大肆推行基督教，这引起了民众的反感。于是挪威国内就有人利用民众的心理开始寻衅滋事。再加上公元1027年，圣奥拉夫二世联合瑞典进攻克努特统治下的丹麦，结果遭到惨败，进一步动摇了他的统治。

此时，已经在英格兰站稳脚跟的克努特看到这样的情形，巧妙地利用了挪威内乱。公元1028年，克努特出钱收买了一些对圣奥拉夫二世不满的挪威贵族发动叛乱。

❋ [挪威国徽]
挪威国徽简洁明了，呈盾形，红色的盾面上直立着一只金色狮子，头戴王冠，持金柄银斧。金狮是力量的象征，银斧是挪威自由的保护者圣奥拉夫二世的武器。盾徽上端是一顶镶嵌着圆球和十字的金色王冠。

❋ [圣奥拉夫二世之死]
圣奥拉夫二世死后一年，挪威人把他的尸体刨出来，发现居然保存完好，于是挪威人就开始将其神化，认为圣奥拉夫二世的死带有幸运的征兆。同年，罗马教皇追认圣奥拉夫二世为圣徒，为了纪念他，还为其建造了一座大教堂。不仅如此，挪威人把圣奥拉夫二世当成了穷人的捍卫者，商人和水手的守护神，曾经有关于他的那些不大好的事情，大家都忘了，而如今的圣奥拉夫二世成了这个国家的守护神和国家标志。

死后的圣奥拉夫二世比生前更有价值

圣奥拉夫二世的军队被打败了，其王位也被克努特夺走。圣奥拉夫二世无奈之下，逃到了妹夫基辅大公那里，花了近一年的时间招募了一批雇佣军。公元1030年，圣奥拉夫二世带着军队朝挪威进军，他途经挪威北部一个叫斯帝克莱斯塔的农场，打算自此进入挪威，没想到当地的贵族和农民联合起来挡住了他的去路。这一战颇为艰苦，而圣奥拉夫二世也因为身中一箭，最后不治身亡。

圣奥拉夫二世死后，他的部下四处逃散，此后挪威开始衰落，转而开始了由外国（即丹麦）统治的时期。

"无情者"哈拉尔的野心

哈拉尔于公元1015年出生在挪威一个小领主之家，他的父亲是"母猪"西格德，之所以有个这样滑稽的绰号，是因为西格德性格保守温和，对维京人热衷的征战、

※ ["无情者"哈拉尔]
"无情者"哈拉尔拥有维京人的机警和聪慧，他白手起家在基辅罗斯公国混得声名鹊起，之后又凭借一身孤胆在拜占庭帝国获得财富和荣誉，其足迹遍布地中海，回到家乡后问鼎挪威王位。他被称为"最后一个北欧海盗"，他的逝世也代表着北欧海盗时代的结束。

第8章 风云变幻的北欧本土

❦ [瓦兰吉卫队]

❦ 瓦兰吉卫队是维京人留里克时期遗留下来的队伍,他们由维京人组成,是一支战斗力强大的军事力量。发展到后来,这支卫队已经没办法说是谁的势力,基本上是由瓦兰吉卫队的队长掌管,由雇用它的东家即拜占庭帝国所使用。

探险、航海一点也不感兴趣。哈拉尔的母亲叫阿斯塔,性格刚烈无畏,哈拉尔的性格明显更像他的母亲。哈拉尔还特别崇拜自己同母异父的哥哥圣奥拉夫二世。

在圣奥拉夫二世战死的那场战斗中,年仅15岁的哈拉尔也在队伍中,他侥幸从死人堆里逃出,先到了基辅,加入了基辅大公雅罗斯拉夫的军队,

❦ [瓦兰吉卫队的军饷]
这枚米海尔七世的金币出土于英格兰的约克郡,可能是瓦兰吉卫队的军饷。

并成了大公的心腹,在一系列战斗中表现非常出色,他志得意满地向雅罗斯拉夫求亲,想要迎娶他的女儿,不过却被雅罗斯拉夫婉拒了,这让哈拉尔意识到要有更大的发展,他需要更高的平台。

随后他离开了基辅罗斯公国,加入了拜占庭帝国的瓦兰吉卫队。他身材魁梧,作战狡猾,很快在派往清除地中海东部的阿拉伯海盗的战役中脱颖而出;之后,他又参与了驱赶小亚细亚地区入侵的阿拉伯人的战斗。

哈拉尔行事仗义、豪爽,成了瓦兰吉卫队的首领

哈拉尔行事仗义、豪爽,使他在瓦兰吉卫队的人气很高,没过多久,他就成了瓦兰吉卫队的首领。

哈拉尔在这段时期立下了赫赫战功。他征讨的脚步几乎遍及中世纪的各个国家,在短短5年的时间里,哈拉尔一路征战,从叙利亚一直打到了高加索,再到镇压保加利亚人的叛乱,又抢劫了北非和希腊的基克拉迪群岛,还随着一个代表团到过耶路撒冷,并在约旦河接受了洗礼。据说在一次有名的劫掠中,哈拉尔占领了阿拉伯人的80个要塞,一路抢到了幼发拉底河。

帮拜占庭帝国侵占西西里岛

哈拉尔的勇猛引起了时任拜占庭帝国皇帝米海尔四世的注意。为了笼络这位善战的将军,米海尔四世将他封为贵族,还为他铸造了一套钱币。

❋ 拜占庭帝国一般用含金量较高的金币支付瓦兰吉卫队的军饷,币值稳定,但并不是所有的北欧人都能如愿加入瓦兰吉卫队。在进入选拔环节之前,报名者需缴纳高额的报名费,这是因为在当时只有富有者才能熬过长途旅行的考验,买到更好的装备;富裕的领主往往有更充沛的经验和更高的武艺。

❋ [瓦兰吉卫队的头盔]
这是一套13—14世纪的瓦兰吉卫队头盔,有典型的罗斯-拜占庭风格。

❋ 公元1204年之后,无论是尼西亚、拉丁帝国,还是复国后的拜占庭帝国,都组织了自己的瓦兰吉卫队,但是都无法和原来的规模相比。

第 8 章 风云变幻的北欧本土

海洋与文明 北欧海盗征服欧洲 | 185

▼ [13—14世纪的十字架]

这个十字架上的文字含义为："愿这个十字架成为至尊的乔治-瓦兰吉普洛斯的盾牌和武器。"

以前留在希腊的盎格鲁后裔、丹麦裔和罗斯人被拜占庭帝国封妻荫子，他们的后人被称为"瓦兰吉普洛斯"，意思是瓦兰吉的混血后裔，这个十字架的主人也是如此。

瓦兰吉卫队成员以喜欢女色而闻名，他们对具有南欧风情的希腊女子很青睐，所以"至尊的乔治"应该有一个西北欧的父亲和希腊的母亲。

❀ 到了14世纪的瓦兰吉卫队规模已经只有400~500人。瓦兰吉卫队最后一次出现在历史上是公元1341年，他们作为年轻的约翰五世的侍卫被记录。此后关于瓦兰吉卫队的踪迹，只能通过一些间接材料来推测了。

公元1038年，米海尔四世发动了他平生最具野心的一场战役——入侵西西里岛，米海尔四世希望将这里的阿拉伯人驱逐出去，夺回帝国对西西里岛的控制。

为了能够一举拿下西西里岛，米海尔四世派出拜占庭帝国的将军乔治·曼尼亚克斯指挥作战，还派出由哈拉尔率领的瓦兰吉卫队和一批诺曼雇佣兵。

在这场名将云集的战斗中，哈拉尔大放光芒。在战斗中，乔治·曼尼亚克斯让瓦兰吉卫队做先锋，直捣敌方阵营的中心。哈拉尔凭着智慧和身手带领瓦兰吉卫队一举占领了西西里岛的好几座城市。

虽然哈拉尔在战争中表现得很出色，但入侵西西里岛这一战并没有如米海尔四世预期的那样顺利。

由于拜占庭帝国士兵与诺曼雇佣兵发生了争执，诺曼人对乔治·曼尼亚克斯心怀不满；接着脾气暴躁的乔治又动手打了一名诺曼人的指挥官——那人恰好是皇帝的妹夫。

原先的盟军诺曼人突然举起了反旗，联合南意大利的伦巴第人朝拜占庭军发动攻击。哈拉尔在最初的战斗中粉碎了敌人的数次进攻，但最后还是被诺曼人击败，随后被召回君士坦丁堡。这是哈拉尔极为少见的败仗，不过这和他之前辉煌的战果相比瑕不掩瑜。

回到君士坦丁堡之后，入侵西西里岛的将军就此失宠，而哈拉尔也被连累，失去了皇帝的信任，在拜占庭帝国无所事事。

公元1041年11月，米海尔四世去世，他的侄子米海尔五世继位。

❈ [米海尔五世]

❈ ["无情者"哈拉尔时期的硬币]

第8章 风云变幻的北欧本土

哈拉尔两次被捕均脱险

"一朝天子一朝臣"的说法，此时应在了哈拉尔身上。初登大位的米海尔五世一点都不喜欢哈拉尔这位能征善战的海盗王，担心他的势力会帮助敌人，于是总想找机会收拾哈拉尔。

据传说哈拉尔曾两次被捕。

第一次被捕后，米海尔五世下令："因为哈拉尔玷污了贞洁的女人，把他和雄狮子关到一起。"作为一位维京英雄，哈拉尔徒手打死了雄狮，看守他的士兵看到后惊愕不已，于是把他放出来了。

第二次被捕后情况就麻烦多了，哈拉尔被控私藏了大量战利品，超过了他应得的数量，这个罪行在当时来说是相当严重的，而且按照哈拉尔的习惯，他也极可能真的犯有这类罪行。米海尔五世下令严查，如果被控属实，将要严办。

不过，米海尔五世上台4个月之后，拜占庭帝国内部就发生了一场血腥的政变，他的统治被推翻了。在政变中，米海尔五世的对手将哈拉尔从监狱里放了出来。之后哈拉尔也参与到政变中，据说他为了报仇，把米海尔五世的眼睛弄瞎了。

❈ [维京人的佩饰－索尔的锤头]

锤头是力量的象征，常使用在维京人的婚礼和葬礼上。维京人也经常佩戴此物，以祈求获得神的护佑。

海洋与文明 北欧海盗征服欧洲 | 187

钱财多到让基辅大公将女儿嫁给了他，他与国王的区别就是少了顶王冠

哈拉尔意识到君士坦丁堡虽然充满了荣华富贵，但是不论他对帝国做出了多大的贡献，继续待下去只能是寄人篱下，成为宫廷阴谋的棋子，稍有不慎就会引来杀身之祸。于是他离开了拜占庭帝国，回到了基辅。

在瓦兰吉卫队的这些年里，哈拉尔抢得的财宝和战利品都存放在基辅大公雅罗斯拉夫那里，请他代为保管，这是非常庞大的一笔财富，大到让雅罗斯拉夫都眼红，不过他也不敢私藏。为了与这样有钱又有能力的男人沾上关系，他把自己的女儿埃莉西芙嫁给了哈拉尔。

要知道，基辅大公雅罗斯拉夫的前两个女儿嫁的是法国国王和匈牙利国王，而他的儿子后来迎娶的是拜占庭帝国的公主。

那么哈拉尔到底有多少钱才让基辅大公把女儿嫁给他呢？关于这有个传说，在维京人的记录中，哈拉尔的财富同他的军事才能一样具有传奇色彩，他们写道："没有人单独拥有过如此多的钱财。"

❋ [基辅大公雅罗斯拉夫]
基辅大公雅罗斯拉夫又称雅罗斯拉夫一世·弗拉基米罗维奇，是古罗斯王公，他的统治时代是基辅罗斯公国最强盛的时期之一。

❋ 俄罗斯新版 1000 卢布纸币背面是位于雅罗斯拉夫尔城的圣约翰浸信会教堂（St. John the Baptist Church）、面额数字、纹饰。

❋ [俄罗斯纸币上的基辅大公雅罗斯拉夫]
俄罗斯新版 1000 卢布纸币正面：基辅大公"智者"雅罗斯拉夫一世纪念碑，背景是位于雅罗斯拉夫尔城的克里姆林宫外的小教堂，左上角为俄罗斯央行行徽，右上角为雅罗斯拉夫尔城徽（持斧之熊）。

雅罗斯拉夫同意把自己的女儿嫁给哈拉尔，这既是对他军事才能的认可，也是对他名扬北欧的声誉的认可。哈拉尔的地位同当时许多王国的君主相当，他缺的只是一顶王冠而已。

哈拉尔成了挪威的国王

公元 1045 年，圣奥拉夫二世的儿子"善良王"马格努斯·奥拉夫森从丹麦人手上夺回了挪威的统治权，当上了挪威国王，即马格努斯一世。哈拉尔得知这个消息后，先到瑞典与妻子埃莉西芙的堂兄结盟，然后召集了一支军队，带着妻子回到了挪威。

[维京人使用过的罐子]

[冰岛辛格韦德利国家公园]

辛格韦德利国家公园是冰岛最著名的国家公园之一。1930 年，辛格韦德利国家公园正式建立，起初是为了保护国会遗迹，后来扩大到保护遗迹周围的自然景观。这个地方不仅有难得一见的自然景观，同时也是维京造船文化的见证。

[马格努斯一世]

哈拉尔来到挪威王宫,面见了国王,也就是他的侄子马格努斯一世,迫使马格努斯一世同他分享权力,号称哈拉尔三世。马格努斯一世在哈拉尔的军队面前屈服了,被迫与自己的叔叔分享王权。

公元1047年,哈拉尔与马格努斯一世发起了对丹麦的军事远征,结果马格努斯一世失足淹死在厄勒海峡,而且没有留下子嗣,哈拉尔便成了挪威唯一的国王。

[维京人的生活-木刻画]
图为马努斯的木刻画,反映的是当时斯堪的纳维亚人卖鱼的场景。

哈拉尔的改革

哈拉尔在瓦兰吉卫队服役期间，不仅获得了大量财富，也学到了拜占庭帝国的统治策略，在哈拉尔长达19年的统治中，他将这些东西引入到挪威。

首先，他将那些曾经让他哥哥（圣奥拉夫二世）败走并丢失性命的贵族们全都处死了，另外，凡是对自己的意见有所迟疑的贵族，哈拉尔都会找个理由或者借口，抢走他们的领土，或者抢夺他们的财富。哈拉尔使用拜占庭帝国的治理方式，一边用残暴的手段镇压暴动者，一边对遇到饥荒的地方给予援手，许多人便在他这一张一弛的手段下臣服了。

其次，哈拉尔仿照拜占庭帝国，建立了一支忠诚的精锐部队，其成员都来自和哈拉尔并肩作战过的战士，这支"新瓦兰吉卫队"是王权的最有力保障。

哈拉尔还在挪威改革币制，鼓励国际贸易；同时迁都奥斯陆，打造挪威政治、经济和文化枢纽，这里很快就成了挪威最繁荣的城市。哈拉尔还继续哥哥圣奥拉夫二世的政策，在挪威推广基督化，从基辅罗斯公国和拜占庭帝国引进传教士和主教，加大基督教的传播力度。

在这些政策之下，哈拉尔的势力发展得很大，而且他每年都要对新的地区进行"冒险"。正常情况下是派人航行至无人去过的边境，还有一种冒险是发起战争，这是维京人惯用的手段，哈拉尔就因此获得了奥克尼群岛、赫布里底群岛及设得兰群岛。

❋ [马格努斯一世在位时铸造的硬币]

❋ [维京人的铁制品]
像上图这样的碗在多地都有发现。这是一些大农庄的铁匠铺打造的铁器。

[维京人的铁制品]
维京人喜欢美的东西,当然也会在各种物品上体现他们的艺术眼光,该图就是维京人用的饰有雕刻的罐。

有资料说"无情者"哈拉尔被马格努斯一世多次暗杀和伏击后,便花重金买通马格努斯一世身边的仆人,在其水杯中下毒,使马格努斯一世突发疾病,溺水而死。这部分内容在维京人的官方记载中并未出现。

对丹麦的战争,连年征战使得哈拉尔厌倦了

顺利统治挪威后,哈拉尔的欲望开始膨胀,他想要征服丹麦,于是他花了七八年的时间与丹麦国王斯韦恩二世交战。

本来以为丹麦国王应该会很容易臣服,可是通过交战,哈拉尔发现斯韦恩二世是个非常狡猾的对手,他避免同挪威人发生任何一战决定胜负的激战,这样一来战线就拉得很长,挪威的损耗很大。

挪威每年都发动战争,对丹麦进行劫掠,丹麦人还是一如既往地支持自己的国王斯韦恩二世,哈拉尔没有从与丹麦的战斗中得到什么好处。

到了公元1064年,哈拉尔厌倦了对丹麦的连年征战,最后双方终于签订协约,协约规定双方承认彼此的主权,互不侵犯。

[维京珠宝文物]

英格兰"合法继承人"之一

哈拉尔之所以愿意同斯韦恩二世讲和，原因之一可能是他的注意力已经从北海转到了英格兰，当时英格兰国王"忏悔者"爱德华已不久于人世，但他没有任何子嗣，哈拉尔觉得自己有资格继承英格兰王位。通常情况下，维京人发动侵略根本不需要找什么冠冕堂皇的借口，但这次哈拉尔却正好有这样的一个借口——也许正是这个借口才激起了他对英格兰王位的觊觎。

在挪威人看来，"忏悔者"爱德华本来就不应该成为英格兰国王。20多年前，克努特之子哈德克努特没有后裔，他让挪威的马格努斯一世做自己的继承人，并明确规定马格努斯一世及他的后裔有继承英格兰王位的资格。然而在他死后，在马格努斯一世继承英格兰王位之前，爱德华就在英格兰威塞克斯伯爵戈德温的支持下夺得了王位，虽然后来马格努斯一世一直没有机会重新夺回英格兰王位，但是他却有着继承英格兰王位的资格。哈拉尔继承了马格努斯一世的挪威，他认为自己也继承了马格努斯一世继承英格兰王位的资格。

占领约克城，约克城的元老们同意向哈拉尔交纳贡金

公元1066年1月，"忏悔者"爱德华死了，爱德华指定的继承人诺曼底公爵威廉未能继承王位，英格兰人

❖ [维京神话中的巨蛇耶梦加得]

第8章　风云变幻的北欧本土

很快推举戈德温伯爵之子哈罗德·戈德温森继承了王位。

哈拉尔获知消息后，以自己有权继承英格兰王位为由，集结了一支由240艘战船、9000名士兵组成的庞大舰队，渡过北海劫掠了苏格兰，然后再返回海上沿着诺森布里亚海岸继续南下，最后在距离约克城9英里的地方登陆了。与维京人对阵的是临时集结起来的盎格鲁－撒克逊军队，战斗力无法与维京战士相比，哈拉尔顺利进入了约克城。本来就只会打、砸、抢、杀的维京人没有在这座城市施暴，而是要求同约克城的代表会面，进行谈判。经过短暂的会谈，约克城的元老们同意向哈拉尔交纳贡金，并请求哈拉尔给他们几天时间的宽限以便筹集财物，最后他们商定在斯坦福德桥附近的一处地方交纳贡金。对于这样的结果，哈拉尔感到很满意，之后他就回到自己的船上休息去了。

[哈罗德·戈德温森]

在收取战利品的日子，"无情者"哈拉尔被一箭穿喉，当场毙命

等到了收取战利品的日子，哈拉尔把自己的军队分成了两部分，一部分维京人留在原地看守战船，另一部分维京人和自己依约到达斯坦福德桥，在他们到达后不久，就看到约克城的方向尘土飞扬。原来对面来的是哈罗德·戈德温森统领的一支盎格鲁－撒克逊的正规军，他们将哈拉尔的维京人部队团团围住（哈罗德·戈德温森从伦敦率军亲征斯坦福德桥，这是中世纪早期影响最大的战事之一）。

哈罗德·戈德温森这位新上任的英格兰国王，当知道维京人入侵的消息后便决定要御驾亲征。在短短4天的时间里，他的行军路程几乎达到了 200 英里。为了防止他到来的消息传到维京人的耳中，哈罗德在行军主道上安排了警卫封锁消息，所以当哈罗德突然出现在哈拉尔面前时，维京人措手不及。

在过去 250 多年的时间里，维京人和英格兰发生了无数场战争，但都没有这场战争更惨烈，因为双方都抱着必胜的决心参战的，最后哈拉尔被冷箭射中喉咙，当场毙命。

之后维京人溃败，逃往各自的家园，而约克城也重回英格兰怀抱。

❀ 瓦哈拉又称瓦尔哈拉，它是北欧神话中那些受到祝福的英雄们所居住的殿堂，也是在战场上壮烈牺牲成仁的战士们的归宿，相当于现在忠烈祠的概念。

维京时代落幕

哈拉尔的脚步走遍了维京世界的每个角落：他曾渡过宽阔的第聂伯河，穿越急流险滩去往繁华的君士坦丁堡；他曾体验过拜占庭帝国皇帝那富丽堂皇、回旋曲折的宫殿；也曾在西西里岛的柑橘园中漫步，还曾在巴勒斯坦那大理石的喷泉下沐浴，目睹北大西洋上那万千岛屿。而如今他只得葬身于他曾经的都城特隆赫姆，维京人称霸的时代就如同哈拉尔一样走向终结。

历经 300 多年的维京时代结束了，维京人曾把世界的规则变得残暴、血腥，但新的时代终于将维京时代改写。曾经的维京人很暴力，他们所到之处都是在破坏，

❀ [维京人的首饰盒]

维京人喜欢房子干净整洁。首饰盒的出现使其空间看起来不那么混乱，维京人的首饰盒具有许多风格。

第 8 章　风云变幻的北欧本土

❀ "无情者"哈拉尔利用小鸟成功攻城

据说在入侵西西里岛的战役中，有一次，"无情者"哈拉尔率军包围了一座防守非常坚固的城镇，面对这样的城市，仅靠强攻是不行的。细心的哈拉尔注意到有几只鸟儿正在茅屋的屋檐下筑巢，每天清晨那些鸟儿就会飞出来，到野外找食物，一到傍晚它们又会飞回自己的巢穴。哈拉尔决定套用维京人当初进攻科罗斯坚的方式来攻下这座城镇，于是他命部下去捕鸟，然后将蘸过蜡汁的木刨花绑在鸟儿的背上，用火将木刨花点燃。这些受到惊吓的鸟儿被放飞后，就径直朝着巢穴飞去了，结果城镇上几乎每一栋建筑都着火了。

之前看到维京人在到处捕鸟，守城士兵还在嘲笑他们，但很快他们的笑声就被随之而来的恐惧淹没了。因为他们不仅看到了哈拉尔成功入侵了城镇，还看到了他们如何对抢劫对象施暴。

但在破坏中也有创造，比如爱尔兰和俄罗斯等欧洲国家，正是由于维京人入侵才有了建国的基础。

维京人登陆欧洲大陆，这片大陆在维京人的入侵中变得四分五裂，在查理曼大帝的法兰克王国之后，出现了中世纪西欧的 4 个大国，即法兰西、英格兰、神圣罗马帝国和西西里王国。这几个国家是维京时代的产物，其中 3 个国家由维京人或其后裔所建立。

在法兰西的国土之上，维京人建立了诺曼底公国，在这里出了一位"征服者"威廉，他打败了英格兰国王哈罗德·戈德温森，成了英格兰的国王，之后他统一了西欧，将原来由维京人摧毁的爱尔兰纳入了西欧的政治版图。

纵观维京人横行欧洲的 300 多年时间里，我们可以发现维京人最了不起的地方不在于他们军事方面有多强悍，也不在于他们的航海技术有多高超，而在于他们具有非凡的适应能力，不论是寒冷的格陵兰岛，还是温暖的君士坦丁堡，他们都会吸收当地的文化，并将它们与自己的传统相融合，形成一种新的、富有活力的文明。维京时代造就了饱含异域风情又充满暴力和征战的文化。维京人中既有智慧、残暴、冷酷的抢劫者，也不乏不受拘束、个性鲜明的冒险家，当然也不会缺少美丽的容颜下，巾帼不让须眉的女人们，这正是维京人的魅力所在。

[维京神话中的瓦尔哈拉]

第9章
精湛的匠人技艺

维京人往往给人粗犷、野蛮、血腥和暴力的印象,但事实上维京人还是一个心灵手巧的民族,他们不仅靠武力征服世界,他们的工匠技艺同样征服了世界。

建造一艘好船

从一处考古挖掘说起

在挪威奥斯陆湾沿岸,当地的民间传说中这里埋藏着一位海盗国王和其陪葬的宝藏,因而这里的土冢被称为"王者之丘",虽然如此,但许多人也只当其为一个传说而已。

[挪威西部的维京船雕刻]

维京船又叫维京长船(也叫龙头船)。维京船分为战船和货船。战船较轻,船窄,灵活轻便,又很耐风浪;而货船的船身又高又宽,船体也很重,在波涛汹涌的大海中,载重航行时可保持稳定。上图所示的雕刻就是典型的维京战船。

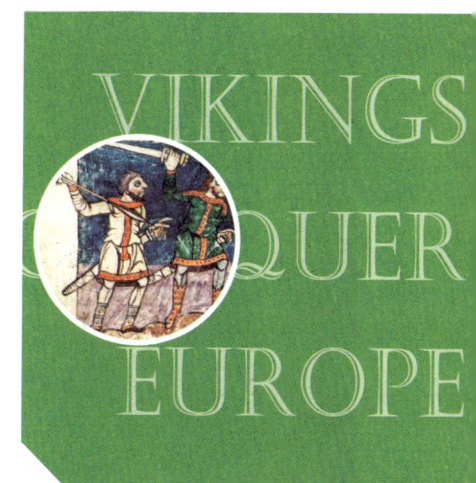

海洋与文明 北欧海盗征服欧洲 | 197

[北欧橡木林]
维京人在建造长船时,首先需要寻找又长又直的橡树,用来做龙骨。

在1880年4月的一天,"王者之丘"土冢边的农户们做了一个重大的决定:他们想在这地方挖一口竖井,并且想看看这地底下到底有什么。说干就干,他们使用犁耙刨土,忙得热火朝天。

消息一经传出,急坏了当地古物收藏研究协会的会长——著名的考古学家古拉斯·尼古雷森。于是他急匆匆地赶到事发地,并制止了人们垂直挖掘的行为,因为按照农户们的挖掘方法,极有可能会破坏下面的物品,所以他指挥专业的考古人员开始作业。

挖掘土冢的工作进行到第二天便有了收获。当他们清除掉一层厚厚的蓝色黏土之后,一艘体形庞大、保存完好的橡木船便展示在众人眼前。古拉斯·尼古雷森对此发现并不奇怪,因为这种斯堪的纳维亚特有的葬船风俗可以

[维京古船挖掘现场]

追溯到青铜器时期甚至更早，只是这艘船不仅体形庞大，而且构造精美，却出乎了他的意料。

制造精密的大船

随着挖掘的深入，一艘首尾长 76 英尺（约 23 米）的大船便完全暴露出来，经过研究发现，这艘船大约造于公元 850 年，船两侧共有 16 个桨孔，船舷外侧有 32 块 3 英尺（约 0.9 米）长的盾牌残骸分别盖在桨孔之上。

这艘船的龙骨材料取自一棵高大笔直的橡树。龙骨中部做成弧形，以增大承重量，而其两端逐渐变窄，形成流线型通道。船肋由结实的橡木制成，材料全部取自天然弯曲的木材，经过细心打造后，安放在龙骨的各个部分。船肋外面包裹着一寸厚的箍板（或称船壳板）。它由相互交叠的橡木块制成，用铆钉固定在船肋上，再用杉树根制成的缆索捆缚起来。这样的一艘船不仅速度快、转向灵活，并且十分适合远征异地时突袭式的劫掠活动。所以，它不仅是一艘战船，还是一件艺术品，是维京造船师精湛技艺的完美体现。

※ 正文中所说的就是"奥塞贝格"号。这艘海盗船是 9 世纪时阿萨女王的陪葬船。船身刻有龙和蛇的造型，埋葬舱里收藏了当时最珍贵的艺术品，是北欧至今发掘出的最大批的维京年代艺术品。

※ [贝叶挂毯中关于维京人造船的描绘]

维京长船的演变过程

据考古学家研究发现，早在 8 世纪末之前，船就成为维京精神的重要象征。维京造船师不但拥有精湛的造船技艺，也有着独特的审美眼光，比如，在公元前 500—前 300 年，维京人的船是这样的（如下图所示）。

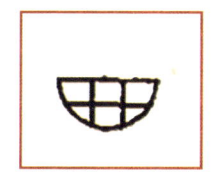

※ [长船的船舷（公元前 500—前 300 年）]

第 9 章 精湛的匠人技艺

海洋与文明 北欧海盗征服欧洲 | 199

> ❦ 维京长船是维京人最宝贵的财产，也是他们最重要的生产工具，对于维京人而言有着特殊的意义，如果条件允许，每一个维京人都会希望自己能以船为葬。而事实上，只有极少数维京人——比如首领或者大英雄，才能享有这种殊荣。

上图所示的船舷用一块宽木板制成，船两侧各有两块木板，用绳索捆绑，再用树脂将船板空隙填塞起来。

到了公元350年左右，维京人的船就变成这样的了（如下图所示）。

❦ [长船的船舷（公元350年左右）]

上图所示的船是在尼达姆发现的，大约制造于公元350年，船板与船身等长，用铁锚钉固定在一起，并且已经配备了船桨。

又300多年过去了，到了公元700年前后，维京人的船又有了如下变化。

❦ [长船的船舷（公元700年左右）]

> ❦ 维京人认为死后安葬在维京船里，死者可以被载往来世，载去瓦尔哈拉殿，他们能够和北方的诸神一起享用盛宴、并肩战斗。

上图所示的船虽然有了龙骨，而且也比之前的船更经得起风浪，但是这时的船依然比较宽，此时也许已经有了帆，从这时起似乎有点长船的影子了（因为帆无法像木头一样在地下保存至今，所以只能是推断）。

到了著名的奥塞贝格墓船时，此船的建造时间在公元800—850年间，它们就变成这样了（如下图所示）。

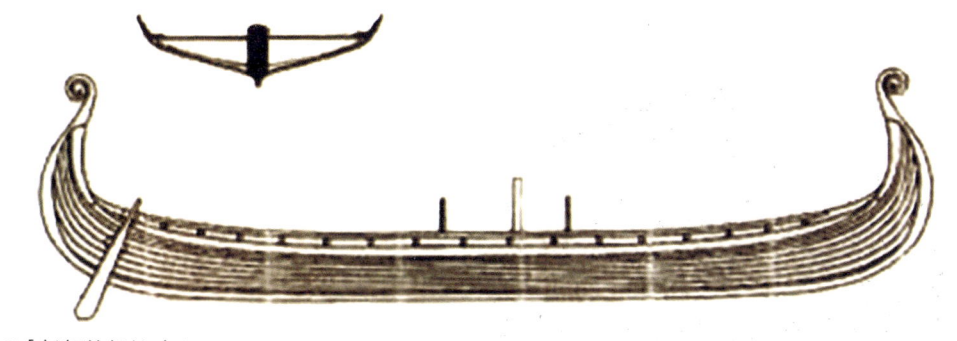

❈ [长船的船舷（公元 800—850 年之间）]

  这艘船是迄今为止发现的最为美观的维京船，其结构精巧，船舷低矮，根据专家的推断，此船并非战船，可能只是仪式所用的船只。

  本文开始所讲述的那艘维京战船，其较之前的船只有了更为精巧的变化，其剖面图如下所示。

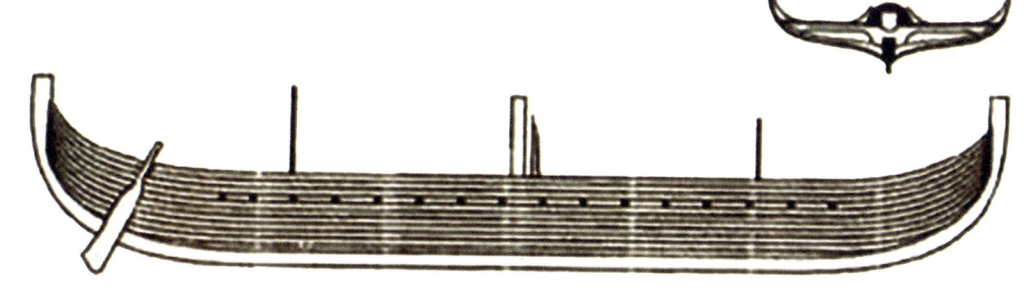

❈ [长船的船舷（公元 1000 年左右）]

  在丹麦的罗斯基勒峡湾也曾发现了公元 1000 年左右的维京船残骸，它由两艘船组成，分别用于运送货物及牲畜，其剖面图如下所示。

❈ [长船的船舷（公元 1000 年左右）]

第 9 章　精湛的匠人技艺

海洋与文明　北欧海盗征服欧洲　| 201

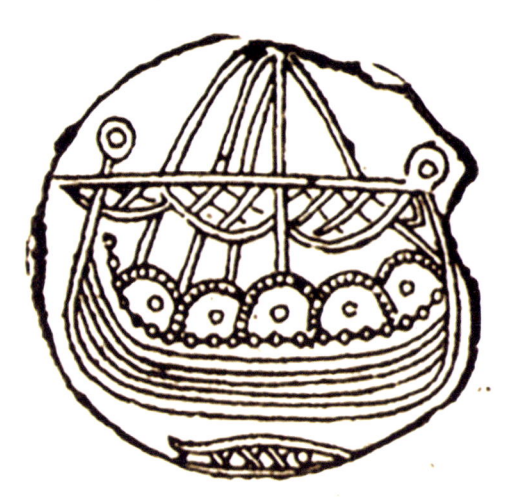

[维京船的拓印]

这个图是拓印了石头上关于维京船的描绘。这些圆圆的东西其实就是维京人的盾牌。

由以上的演变可以知道，维京人的船分为两种，一种是用于海洋劫掠的战船，还有一种是用来运送货物的商船。战船窄而轻，速度较快，两侧布满划桨洞，当逆风行驶或需要用力划桨时，可以轻易地降下船帆，操纵灵活；相反，商船又高又大，而且桅杆是固定的。

当维京人乘着战船，轻巧神速地突然出现在欧洲人面前时，仿佛有如从天而降的神兵，让他们无从招架。船既是维京人的座驾，又是他们赖以生存的武器，所以他们造得一艘好船。

[维京货船－卡夫船]

维京人的货船

维京人的货船主要用来跨过大洋运载大量的货物。这些船在维京时代是真正的"海上马匹"。它们可以分为几类。

卡夫（Karv）

卡夫船，大大小于长船。它们通常配备了13～16对桨。它们航行非常灵活，可以被用作商船和战船。

[贝叶挂毯中关于造船的一角]

造船工人手里拿着一个"T"形的宽斧，向"征服者"威廉展示制造技术。

维京人造船非常精密，至于他们使用的是什么测量仪器目前不得而知，但是可以肯定的是造船人对船体有着非常深刻的了解。

克诺尔（Knarr）

此类船有比长船略圆的船身和更少的船桨数。桨被放置在船头和船尾，中间留出空间运载货物。这种船有着良好的运载能力和海上航行能力。

还有一类特殊的船称为"格陵兰"克诺尔和"纽芬兰"克诺尔，它们是有多达35间房间的大船。

[克诺尔船模型]

第9章 精湛的匠人技艺

海洋与文明 北欧海盗征服欧洲 | 203

◈ [造船时的固定木桩]
制作这种特异的形状时，维京人会根据树木的自然形状来选择，因为这样的部件比切割制作强得多。

白瑞丁（Byrding）

这类船是一种小型船，主要用于近海货运。它们大概有10～15个房间，是一种略小于卡夫的船。它们也能跨过遥远的海域到达冰岛或挪威等。在海军中它们可以用作大型船只的补给船，用来给士兵运送食物和淡水。

◈ [白瑞丁船模型]

[贝叶挂毯中的维京船]

贝叶挂毯中描绘了哈罗德一世的船返回英格兰的情况。这是一艘典型的维京船，侧面有方向舵，帆是方形的，有四个护罩。

第 9 章　精湛的匠人技艺

维京人的船是维京文化中的重要组成部分，可以说维京人的一切都与他们的船有密切联系。他们以船为伴，以海为家，对船有着很深的感情。因此，当他们死亡时，往往也是将船作为归宿，以船为葬。

注重实用的武器

近几年来，关于维京人这个族群的影视作品越来越多，经常能够看到他们使用战斧作为武器，这或许是为了追求艺术效果和观赏性，事实上，维京人最经常用的兵器有以下几种。

剑

剑在维京人看来十分重要，将家族的剑代代相传是一件极为荣耀的事情。如果一把剑被家族中某位伟大的战士或贵族使用过，该剑就具有更高的价值。维京人认为高贵的战士能使剑充满特殊的力量。他们还会给剑起名字，赋予其更多的个性和意义。但是值得注意的是，剑只是维京人精神上的武器，却不是在战场上最常用的。

这是因为北欧的生产力水平比不得欧陆国家，金属冶炼技术也有限，剑在维京人看来是很宝贵的，所

[圣斯蒂芬的剑]

维京剑长度一般在 27.5～31 英寸（70～80 厘米）之间，剑身较宽，上面往往会有一些浅槽，用以调节重量。其最具特色的是剑首，上面有各种有趣的图案，当然也有少数铸造精良的剑首会镶嵌青铜或白银，凸显持剑者的地位。

海洋与文明　北欧海盗征服欧洲 ｜ 205

❋ [维京人的战斗场面]

维京人非常喜爱他们的剑,并且剑也是其身份的象征,当维京人需要决斗时,剑会是他们的首选。

在决斗时,当两人轮流向对方发出一击后,决斗才算正式开始。如果参战者主动把腿伸出赛场那就算逃跑认输,决斗终止;或者一个人用剑击伤对手时,受伤者也可以请求终止比赛,并支付一笔赔款。

❋ 维京人掌握了十分优秀的铸剑技术,他们会先用炭熔炼铁矿石,打造出精钢。然后将铁条和钢条焊接在一起,铸造成方形棒,再将其绞扭或缠绕成细细的一束,以作为剑身的坚硬内芯,接下来铸造出剑身模型;外部的剑刃则用最好的钢材来制作,焊接在剑芯上,最后用酸来擦拭剑身,露出自然、美观的花纹。这样铸造出来的维京剑不仅锋利无比,而且有很好的韧性。

以剑更多的时候是贵族、领主或旗下某支部队的头领所使用。

维京剑为宽叶双刃,长度通常在60～80厘米,也有少量达到90厘米的,重量为1.2～4.5千克。有些维京剑上会有浅槽,也就是大家俗称的"血槽",但其实际作用并非放血,而是减轻剑的重量,增加使用时的灵活性。

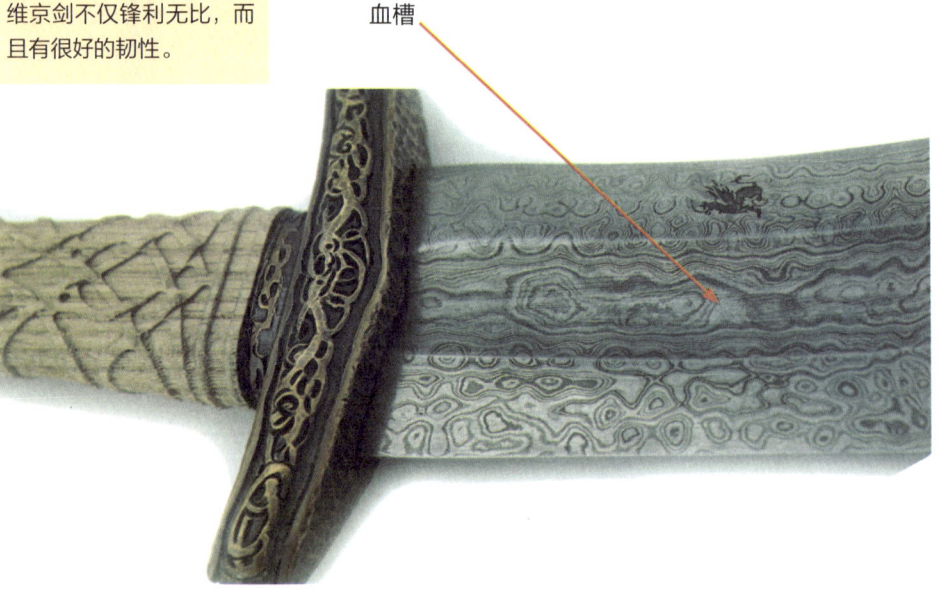

血槽

维京剑的剑鞘（套、盒）是用两片经过雕刻的木片制成的，边缘用胶粘合，有时以毛皮包裹。剑鞘口和金属包头（即剑鞘顶端的金属片）有时会镀上装饰性的银、铜涂层。整把剑配有装饰性斜挂剑带（腰带或者肩带），以便佩戴。

矛枪

矛枪是维京战士最常用的作战兵器。

枪头是由一块纯铁做成的，形状一般为尖头阔叶状（为了刺得更深），并将其安装在一根木质矛杆上（通常为白蜡木）。总长度为 3.2 ~ 6.5 英尺（1 ~ 2 米），矛头的长度则有 3 ~ 18 英寸不等（仔细看这种武器的外形，与我国的矛真的挺像）。而其中一些矛头带有侧翼（可称为倒钩矛枪），这些矛既可以用于刺杀也可以用于投射，较大矛头的矛则可用于砍杀。

> 维京矛枪既可以用于投射，也可以用于握持刺杀，带有较大矛头的矛枪还可用于砍杀。有证据表明，用于砍穿锁甲的维京矛枪既可单手使用也可双手挥动。一名技艺高超的维京矛枪兵能用双手同时掷出两根矛枪，还能接住飞来的矛枪并朝对方掷过去。

第 9 章　精湛的匠人技艺

[维京战士的矛枪]

[使用矛枪战斗的北欧主神奥丁]

[《维京传奇》剧照]

上图是手握斧头的拉格纳。斧头是每个维京人的第一件武器,他们可以使用斧头去打猎、捕鱼、砍木头、耕种等。在维京时代,剑是非常奢侈的东西,并不是每个人都能买得起战斗的剑,但是斧头却是人手一件。

> 许多人可能会认为维京人的斧头如此沉重和巨大,以至于它无法与剑的速度和机动性相媲美。事实上,制作精良的斧头重量只有800克左右,比许多剑轻。

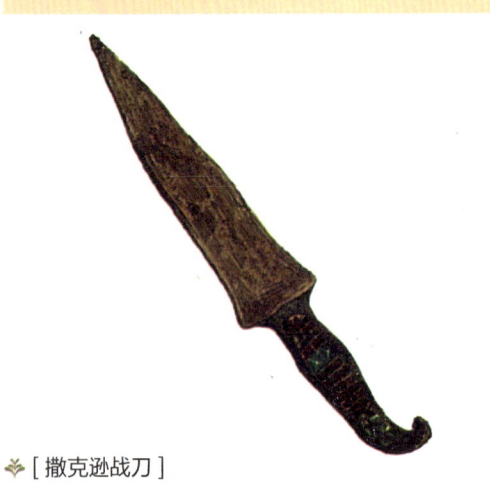

[撒克逊战刀]

战斧

维京战斧是由常用的伐木斧改良而来,头部呈新月形,挥舞起来杀伤力巨大,有破盾的效果,且造价低。

撒克逊战刀

维京人会携带一些小型的武器用于紧急时刻救命。有的人会带小刀、短剑,有的人则会带着撒克逊战刀。

撒克逊战刀是一种刀身很宽的单刃战刀,刀背较为厚重坚固,无刃的背侧从距离刀尖1/3处开始逐渐收窄,呈斜坡状直至刀尖。而刀刃一侧则多为直线或者稍微弯曲。

小型撒克逊战刀的刀身长为7.5厘米,最长的剑式撒克逊战刀的刀身长达76厘米,普通款式的刀身一般长达15厘米。这种刀没有护手,只有一个朴素的木制或骨制握柄。

盾

盾是唯一一种在维京人中广泛使用的防御装备。

维京盾是由木头(一般是椴树)制成的圆盾,这种圆盾中间放置把手,方便灵活地运用盾牌。有些盾牌还覆上了牛皮,有的甚至用金属或钉刺把边角加强了一番。

当然维京盾也不仅仅是圆形的,还有椭圆形、方形等各种形状。